小学信息技术

学科思维与数字化学习

江苏大学出版社

JIANGSU UNIVERSITY PRESS

镇 江

图书在版编目(CIP)数据

小学信息技术学科思维与数字化学习 / 周旺纯著
. — 镇江 ：江苏大学出版社，2020.8
ISBN 978-7-5684-1412-8

Ⅰ．①小… Ⅱ．①周… Ⅲ．①计算机课－教学研究－
小学 Ⅳ．①G623.582

中国版本图书馆 CIP 数据核字(2020)第 159976 号

小学信息技术学科思维与数字化学习
Xiaoxue Xinxi Jishu Xueke Siwei Yu Shuzihua Xuexi

著　　者/周旺纯
责任编辑/张小琴
出版发行/江苏大学出版社
地　　址/江苏省镇江市梦溪园巷 30 号(邮编：212003)
电　　话/0511-84446464(传真)
网　　址/http://press.ujs.edu.cn
排　　版/镇江市江东印刷有限责任公司
印　　刷/江苏凤凰数码印务有限公司
开　　本/710 mm×1 000 mm　1/16
印　　张/13.5
字　　数/246 千字
版　　次/2020 年 8 月第 1 版　2020 年 8 月第 1 次印刷
书　　号/ISBN 978-7-5684-1412-8
定　　价/52.00 元

如有印装质量问题请与本社营销部联系(电话：0511-84440882)

◆ 前 言 ◆

2010 年，教育部印发了《中小学信息技术课程指导纲要（试行）》（以下简称《纲要》）。这是我国有关中小学信息技术教育的第一个纲领性文件。课程的名称正式由"计算机课"改成定位更加准确、内涵更为宽泛、更国际化的"信息技术课程"。该《纲要》指出，中小学信息技术课程以培养学生对信息技术的兴趣和意识，培养学生的基本信息素养为根本目的。信息技术课程不仅应使学生掌握基本的信息技术技能，促进个性化发展，还要使学生学会运用信息技术增进交流与合作，拓宽视野，勇于创新，形成解决实际问题的能力和终身学习的能力，明确信息社会公民的权利与义务、伦理与法规，形成与信息社会相适应的价值观与责任感，为适应未来学习型社会提供必要的保证。

2017 年，教育部公布了《普通高中信息技术课程标准》（2017 年版）（以下简称《标准》）。《标准》指出，信息技术课程不仅要使学生掌握基本的信息技术技能，形成个性化发展，还要使学生学会运用信息技术促进交流与合作，拓宽视野，勇于创新，提高思考与决策水平，形成解决实际问题的能力和终身学习的能力，明确信息社会公民的权利与义务、伦理与法规，形成与信息社会相适应的价值观与责任感，为适应未来学习型社会提供必要保证。该《标准》通过分析信息技术在社会各领域应用中的素养概念与特征，聚合相关素养的实质内涵，抽象出信息技术学科的核心素养，包括信息意识、计算思维、数字化学习与创新、信息社会责任四项核心内容。

《江苏省义务教育信息技术课程纲要》（2017 年修订）也指出，义务教育信息技术学科核心素养包括信息意识、计算思维、数字化学习与创新、信息社会责任等方面。它们是学生在接受信息技术教育过程中逐步形成的信息技术知识与技能、过程与方法、情感态度与价值观等方面的综合表现。

随着国家及地方中小学信息技术课程标准（纲要）的修订和颁布，广大信息技术专家和一线教师在研究课程标准的制定、探索课程实施的途径和改革课程评价的方式等方面进行了不懈的努力，也取得了初步的成绩。但是，目前关于小学信息技术核心素养各领域的研究尚缺火候，这方面的理论专著也不多见。一线教师在学科思维培养及数字化学习方面取得的成功经验也没能得到及时的总结、提升和推广。笔者是小学信息技术教学改革的亲历者和实施者，对小学信息技术教育的发展历程、实施情况、最新动态、研究热点及最新成果有较为全面的了解。有鉴于此，笔者在两项江苏省教育科学规划课题研究成果的基础上，针对小学信息技术的学科思维训练撰写了本书。本书既有充分的理论考证，又有实践的经验提炼。相关理论的阐述尽可能博采众长，并结合本地区骨干教师的教学经验和实践成果，概括出小学信息学科思维培养与数字化学习中具有普遍意义的规律、原则和方法。

全书共7章，基本涵盖了小学信息技术学科的理论基础、发展历程、课程目标、学科思维和数字化学习的各个方面。本书分别从理论层面、实践层面，尤其是在理论与实践相互结合、相互印证的层面，切换角度进行阐述，力求把理论高度和实践深度结合起来，全面系统地探讨了小学信息技术学科思维培养的内涵和本质，对小学信息技术学科理论研究与教学实践有一定的参考价值。

本书在规划理论框架时参考了一些资料，并在书后参考文献中列出主要资料的出处，在此向相关作者致以深深的谢意。同时，对本书成书过程中提供大量案例的盐城市小学信息技术教学界的同仁表示最衷心的感谢。由于笔者水平有限，书中的不当之处敬请专家和同行不吝赐教。

著 者

2020 年 6 月 15 日

目　录

第1章 信息素养与学科思维

1.1 小学信息技术课程目标

义务教育阶段的信息技术课程是一门以培养学生的信息素养为主要目标、以综合实践活动的一个学习领域作为课程形态的必修课程，旨在帮助学生掌握信息时代生存与发展必需的信息技术基础知识和基本技能，锻炼在日常生活与学习中应用信息技术解决问题的基本态度与基本能力，形成与信息社会相适应的良好行为习惯，为培养能够适应信息社会发展挑战的创造性人才打下基础。

信息技术作为一门新兴学科，其教学目标及标准尚处在不断发展之中，还有待教学实践来检验。

1.1.1 《中小学计算机课程指导纲要》

1994 年 10 月，国家教委颁布了《中小学计算机课程指导纲要》。该纲要将中小学计算机课程定位于"逐步成为中小学的一门独立的知识性与技能性相结合的基础性学科"，并首次以模块形式确定了课程内容。1997 年，根据计算机技术和应用的发展，以及我国中小学计算机师资、设备等条件的变化，国家教委组织专家对 1994 年颁发的《中小学计算机课程指导纲要》进行了修订。《中小学计算机课程指导纲要（修订稿）》在原有的基础上调整了结构，增加了 Windows、网络通信、多媒体、常用工具软件等新内容，对程序设计语言、计算机在现代社会中的应用和对人类社会的影响等模块，在内容和要求上进行了调整。

修订稿指出，中小学计算机课程是计算机教育的一个重要组成部分，是培养学生对计算机的兴趣和意识、提高其科学文化素质、帮助他们掌握计算机基础知识和基本技能的重要途径。计算机课程将逐步成为中小学的一门独立的知识性与技能性相结合的基础性学科，并为学生适应现代信息社会中的学习、工作和生活打下必要的基础。

小学阶段计算机课程的教学应以计算机常识、操作技能和益智性教学软件为重点，计算机学科本身的教学内容和课时不宜过多，一般为30个课时，最多不宜超过60个课时。如果有条件增加课时，建议将教学重点放在计算机辅助教学或计算机应用上。建议在四、五年级开设小学计算机课。

小学阶段计算机课程的教学目的是帮助学生建立对计算机的感性认识，使学生了解计算机在日常生活中的应用，培养学生学习、使用计算机的兴趣和意识；使学生了解计算机的一些基本常识，初步学会计算机的一般使用方法；帮助学生确立正确的学习态度，养成爱护机器设备、遵守机房规则等良好习惯。内容共分为五个模块，即：计算机基础常识和简单操作、微机操作系统简单操作与使用、汉字输入及简单文字处理、LOGO 绘图、教学软件或益智性教学游戏软件的使用。

1.1.2 《中小学信息技术课程指导纲要（试行）》

2010 年，教育部印发了《中小学信息技术课程指导纲要（试行）》。这是我国有关中小学信息技术教育的第一个纲领性文件。课程的名称正式由"计算机课"改成定位更加准确、内涵更为宽泛、更国际化的"信息技术课程"。文件明确要求将信息技术列入小学课时计划（一般不少于 68 学时，其中上机时间不少于 70%），各地区可根据教学目标和当地的实际情况选取适当的教学内容。

该纲要指出，中小学信息技术课程的主要任务是培养学生对信息技术的兴趣和意识，让学生了解和掌握信息技术基本知识和技能，了解信息技术的发展及其应用对人类日常生活和科学技术的深刻影响。通过信息技术课程使学生具有获取信息、传输信息、处理信息和应用信息的能力，教育学生正确认识和理解与信息技术相关的文化、伦理和社会等问题，负责任地使用信息技术；培养学生良好的信息素养，把信息技术作为支持终身学习和合作学习的手段，为适应信息社会的学习、工作和生活打下必要的基础。

从文件中可以看出，中小学信息技术课程以培养学生对信息技术的兴趣和意识，培养学生的基本信息素养为根本目的。信息技术课程不仅应使学生掌握基本的信息技术技能，促进个性化发展，还要使学生学会运用信息技术增进交流与合作，拓宽视野，勇于创新，形成解决实际问题和终身学习的能力，明确信息社会公民的权利与义务、伦理与法规，形成与信息社会相适应的价值观与责任感，为适应未来学习型社会提供必要保证。

　　义务教育阶段，信息技术课程着重培养学生的基本操作技能，强调基本功，注重培养学生的动手能力，为学生打造终身学习的平台。

　　义务教育阶段信息技术课程应以培养学生的信息素养为宗旨，使学生在学习信息的获取、加工、管理、表达与交流的过程中，掌握信息技术，感受信息文化，增强信息意识，培养良好的信息素养。

　　义务教育阶段，信息技术课程应与学生日常的学习和生活紧密结合，鼓励学生将所学的信息技术积极地应用到学习和生活实践中去，让学生在学科课程的学习过程中掌握利用信息技术解决问题的方法，在学习中实践，在实践中学习。

1.1.3　《基础教育信息技术课程标准》

　　《基础教育信息技术课程标准》由中国教育技术协会信息技术教育专业委员起草，参与者包括全国各省信息技术教研员、部分骨干教师及部分高校信息技术课程专家，于 2012 年发布。最初创意为起草义务教育阶段信息技术课程标准，以弥补国家课程标准体系中的缺口，并为各地地方课程的设计提供参考。考虑到从专家委员会视角给出一个基础教育阶段信息技术课程的系统观察亦有重要价值，于是工作调整为起草一个能够覆盖整个基础教育阶段的信息技术课程标准。本标准既是国家课程标准体系的补充，又是本专业委员会对基础教育信息技术课程的整体认识，可作为各省市地方课程设计及实施的参考。

　　与《中小学信息技术课程指导纲要》相比，《基础教育信息技术课程标准》更强调基础教育阶段对核心素养的培养和提升，并将其作为课程的总目标，即"培养和提升学生的信息素养"。

　　信息素养在课程目标的不同维度均有体现。其中，在知识与技能维度，强调了解或掌握信息技术的基本概念、原理、思想，以及常用工具、手段、技术的基本操作与应用；在过程与方法维度，强调通过具体操作或应用过程，在实际体验中掌握利用信息技术解决实际问题的方法，并逐步养成良好的学习习惯；在情感态度与价值观维度，强调理解信息技术的技术思想，在应用信息技术的具体过程中形成积极的技术观和价值观，对信息道德、信息伦理、信息文化产生感悟与内化，养成利用信息技术促进学习和改善生活的意识和态度，能够积极、负责、安全、健康地使用信息技术。

　　学生信息素养的培养是一个持续提升的过程，在不同学段，学生学习信息技术的内容各不相同，在信息素养的培养目标和内容上各有侧重。小学阶段侧重对基础知识和基本技能的掌握和应用，强调对信息技术和信息文化的体验和感悟，以基础入门为标志，以感悟信息文化为目标；初中阶段侧重对信息技术基本特征的总结能力的培养，注重主动学习信息技术的意识和方法的熏陶，关注与信息素养相关的认知能力、判断能力、想象能力、批判能力的培养，以迁移应用为标志，以顺应信息文化为目标；高中阶段强调领域应用，以多样化的应用技术领域的能力训练为主，既可以强调学生在不同领域方向上的个性化能力塑造，又可以强调某特定领域对其后续发展的重要支持作用，即以个性化能力培养为标志，以内化信息文化为目标。

1.1.4　部分省市信息技术课程标准（指导纲要）

1. 《广东省义务教育信息技术课程纲要（试行）》（广东省教育厅，2012年修订）

义务教育阶段信息技术课程的总目标是培养学生的信息素养。本阶段学生的信息素养表现在：具备信息科学技术的基本知识；能积极、正确、有效地应用信息系统，逐步融入社会的信息活动之中；掌握信息的获取、管理、加工、表达、交流与评价的技能与方法；养成良好的信息活动行为习惯，遵守信息社会相关的法律法规与伦理道德。

2. 《上海市中小学信息科技课程标准》（上海市教育委员会，2013年修订）

信息科技课程以信息处理为主线，以提高学生的信息素养为根本目标。通过信息科技课程的学习，学生能够知道信息科技的基础知识和基本原理，学会常用信息技术工具操作的一般方法和技能；主动探究与适应新技术，选择合适的信息技术工具，解决生活中真实、开放的问题，并在此过程中独立或与他人合作学习，分析问题，明确需求，有效地获取信息，合理地管理信息，批判性地评价信息，创造性地加工与使用信息；正确理解信息科技与社会和个人的关系，自我约束个人行为，养成健康、文明使用信息与信息技术的行为习惯，树立信息安全的意识，具有信息化社会中的基本道德与行为规范。

3. 《江苏省义务教育信息技术课程指导纲要》（江苏省教育厅，2017年修订）

义务教育信息技术课程的总体目标是培养学生的信息素养。课程通过提供技术多样、资源丰富的数字化环境，帮助学生掌握信息技术基础、算法、程序设计、机器人技术、物联网技术与人工智能基础知识，了解计算机软硬件知识与基本操作，尝试解决日常生活中数字化表达的常见问题，初步感悟信息技术在人类生产与生活中的重要价值，尝试运用计算思维识别与分析问题，抽象、建模与设计系统性解决方案，在数字化学习与创新实践过程中，了解信息社会的特征，感知人、技术与社会的关系，养成良好的信息意识与行为习惯，初步形成信息社会责任意识，成为数字化时代的合格小公民。

1.1.5　部分国家信息技术课程建设

1. 美国中小学信息技术课程

美国是世界上最早进行信息技术教育的国家。美国没有统一的信息技术课程，但有教育机构制定的反映信息技术教育领域目标要求的学术标准。信息技术课在美国已经普及，课程目标包括：① 运用模拟、实验进行高层次知识技能的教学；② 通过人工智能进行训练和教学；③ 建立信息数据库并运用它处理各种教育信息；④ 通过计算机程序的编写和设计，增强学生解决问题的能力和技巧；⑤ 运用计算机加强个别化教学，落实教育机会均等等原则；⑥ 运用计算机加速完成班级、学校以及各教育行政机构信息的搜集与共享；⑦ 通过计算机进行各种新教学策略的实验的研究。

2. 英国中小学信息技术课程

英国是信息技术教育最先进的国家之一。2000 年 9 月，英国开始全面实施国家新课程，信息交流技术（Information and Communication Technology，ICT）被列为义务教育阶段的必修课。其总体目标是培养学生的能力，提高学生的综合素质。一方面，通过专门 ICT 课程的学习，发展学生的知识和技能；另一方面，通过整个国家课程的实施，提高学生应用 ICT 的能力，促进综合素质的提升。

3. 日本中小学信息技术课程

日本是当今世界上教育水平较高的国家之一。改革的重心在于强化所有学生的信息素质。1998 年 5 月 26 日，日本教育课程审议会明确提出了信息技术教育的培养目标：培养中小学生的"信息运用能力"，使青少年由被动接受信息技术教育改为积极主动地去体验实践。1996 年 7 月日本中央教育审议会对"信息运用能力"的定义是：主动地选择、运用信息和信息设备并积极地创新信息的基本素质。

1.2　从"信息常识"到"学科核心素养"

20 世纪 90 年代初，因特网的普及与应用使社会信息总量以几何级数增长，丰富的信息资源为人们解决问题提供了支持，但也增加了人们的心理负担与工作压力。在"信息爆炸"时代，快速获取信息、有效应用信息是信息社会成员的一项基本技能。针对现实需求，加强信息常识教育、培养公民的信息素养成为信息技术教育的价值取向。信息常识教育注重信息获取与处理的方法与策略，强调信息技术工具的操作与应用，这也与当时人们适应信息社会的需要相契合。但是，在教育过程中过于强调技术工具的使用，忽视从信息系统的角度理解人、技术、社会之间的关系，也就淡化了技术工具应用中的潜在功能（包括优势和弊端）和方法特征。此外，随着数字化环境日趋完善，基于技术操作的信息技术教育已很难满足在数字化环境中成长的青少年发展的需要，他们对信息技术教育提出了更高的要求。

近10年来，可穿戴、人工智能、3D打印等新技术的发展使得信息技术与社会各领域的结合日益紧密，从而创生出一个全新的数字化学习环境。在此环境中成长起来的"数字土著"潜移默化地掌握了信息技术应用的基本方法与技能，具备利用网络获取信息、并行工作、适合图形学习的信息化社会生存优势。当然，具有较强信息技术应用能力的"数字土著"在现实生活与学习中也存在着"网络欺诈""沉迷虚拟游戏"等问题。可见，"数字土著"并不能简单等同于"合格的数字公民"。因此，针对他们对"现实空间与虚拟空间"认识的误区，新时代的信息技术教育更需要培育学生在数字化环境中特有的思维方式，提高学生利用学科方法解决问题的能力，遵守信息社会的法律、法规，培养良好的信息道德和伦理意识，即培育学生的学科核心素养。

从"信息常识"到"学科核心素养"的教育是从"信息技术操作技能学习"发展到"利用信息技术特有的学科方法解决问题的能力"的提升，强调了学生数字化竞争力的培养。面向学科核心素养的信息技术教育，一方面可从"量"上减少信息技能的重复性学习，减轻学生的学习负担；另一方面可从"质"上强调学科方法学习，避免"学了一公里宽，只有一英寸厚"的问题。

1.2.1 信息素养

信息素养，最早是由美国信息产业协会主席保罗·车可斯基于1974年提出的。他把信息素养定义为"利用大量的信息工具及主要信息源使问题得到解答的技术和技能"，后来又将其解释为"人们在解答问题时利用信息的技术和技能"。1983年，美国信息学家霍顿认为教育部门应开设信息素养课程，以提高人们对电子邮政、数据分析及图书馆网络的使用能力。1987 年，信息学专家 Patrieia Breivik 将信息素养概括为一种了解提供信息的系统，并能鉴别信息的价值、选择获取信息的最佳渠道、掌握获取和存储信息的基本技能，如熟练使用数据库、电子表格软件、文字处理等工具的技能。

美国国家信息素养论坛在 1990 年年度报告中提出，信息素养人应具备以下素质：了解自己的信息需求；承认准确和完整的信息是制定明智决策的基础；能在信息需求的基础上系统阐述问题；具有识别潜在信息源的能力，能制定成功的检索策略；能检索信息源，包括能利用以计算机为基础的信息技术或其他技术；具有评价信息的能力；能为实际应用而对信息进行组织；具有将新信息结合到现存的知识体系中的能力；能采用批判性思维，利用信息解决问题。

2000 年，我国中小学全面开设信息技术课程，《中小学信息技术课程指导纲要（试行）》对我国 21 世纪的学生提出 6 个方面的信息素养教育和培养目标：① 信息获取能力；② 信息分析能力；③ 信息加工能力；④ 信息创新能力；⑤ 信息利用能力；⑥ 协作意识和信息的交流能力。

《基础教育信息技术课程标准》（2012 版）指出，基础教育阶段信息技术课程的总目标是培养和提升学生的信息素养。学生的信息素养表现在：利用信息技术工具获取、加工、管理、表达与交流信息的能力；对信息活动的过程、方法、结果进行评价的能力；在熟悉并利用技术条件和环境的基础上发表观点、交流思想、开展合作与解决学习和生活中实际问题的能力；积极探究技术应用给社会生活带来的变化，遵守相关的伦理道德与法律法规，形成与信息社会相适应的价值观和责任感。

从上述几个信息素养的定义及信息素养人的特征和标准可以看出，信息素养是一个含义广泛的综合性概念。其构成或结构模型主要由信息意识、信息能力和信息伦理三大要素组成。信息素养结构是一个整体，信息意识是先导，信息能力既是基础又是核心，信息伦理是保证。

（1）信息意识。信息意识是指对信息的认识、兴趣、动机、需求和理念等，主要包括认识信息与个人、社会发展的密切关系，明确自身对信息的独特需求，对信息的价值有敏感性和洞察力，等等。

（2）信息能力。能力包括一般能力和信息能力。一般能力主要指传统的文化素养（比如读、写、算）方面的基本思维能力、信息知识、现代信息技术知识、跨文化素养等，是顺利进行信息活动所需的基本知识和技能。信息能力指人们利用信息工具识别获取、评价判断、加工处理及生成创造新信息的能力，包括硬能力和软能力，前者是指使用工具的能力，后者是指独立学习、协作学习、终身学习的能力，以及思维能力（特别是批判性思维能力）。信息能力是信息素养的核心能力。

（3）信息伦理。信息伦理指信息活动中的人文操守，即能自觉地运用信息解决个人、社会所关心的问题，使信息产生合理的价值，自觉地遵循信息的伦理、道德和法规等。

作为信息素养的核心，信息能力或信息加工能力主要包括寻找、选择、整理和储存各种有用的信息；言简意赅地整合或重新表征信息；针对问题求解或目的实现，选择、重组、应用已有信息；正确评价信息，比较几种说法和方法的优缺点，看出它们的各自特点、适用场合及局限性；利用信息做出新的预测或假设；能够从信息看出变化的趋势、模式并提出变化的规律。获取信息是手段，不是目的。加工处理信息的目的在于综合利用各种信息，在分析处理各种相关信息的基础上，围绕某一问题的解决，创造新的信息。一般来说，信息素养包括八大能力，如表 1-1 所示。

表 1-1　信息素养的八大能力

能力	内容
运用工具	能熟练使用各种信息工具，特别是计算机和网络交流工具
获取信息	能根据问题或目标需求，有效地收集各种相关信息，能熟练地使用阅读、访问、讨论、参观、实验、检索等获取信息的方法
处理信息	能对所收集的信息进行评价、筛选、归纳、分类、存储、鉴别、分析综合、抽象概括和表达等
生成信息	能全面准确地概述、综合、融合或整合、改造和表述所需要的信息，不仅简洁流畅、富有个性，而且能使信息增值，即产生新的观念或想法
创造信息	在综合多种信息的基础上，通过系列理性思维、批判性思维和创造性思维，形成问题求解或决策方案，或使之成为新信息的生长点，创造新信息，达到搜寻信息的终极目的
发挥效益	善于运用相关信息解决学习、生活、工作等方面的问题或决策，提升生存和发展的质量，让信息产生最大的社会和经济效益，为个人、群体和社会服务
信息协作	学习即形成连接或创建网络，能通过信息的发散和汇聚，充分实现信息的分享、分布式认知和协作，构建学习共同体和个人学习环境（PLE），使信息或信息工具成为延伸自我的有效中介
信息免疫	能恪守正确的信息伦理，自控、自律和自我调节能力强，能自觉地抵御消极信息的侵蚀

总之，信息素养作为信息时代公民必备的素养，越来越为世界各国所重视，越来越多的国家将其纳入基础教育、高等教育或终身教育体系的目标与评价体系之中，成为评价人才综合素质表现的一项重要指标。我国基础教育新课程改革也指出，信息素养是信息时代公民必备的素养，要通过合作解决实际问题，让学生在信息的获取、加工、管理、表达与交流的过程中，掌握信息技术、感受信息文化、增加信息意识、内化信息伦理，使学生发展成为适应信息时代要求的具有良好信息素养的公民。在终身学习和学习型社会中，信息素养是个性化学习、独立学习、终身学习或自主学习的态度、方法和能力。只有让每个学习者掌握以信息素养为核心的学习能力，他们才有"善学"的基础和可能，学习型社会的构建和发展也才有最根本的存在意义。

1.2.2 学生发展核心素养

20 世纪中叶，随着全球化和信息化的不断加剧，信息时代的到来给教育带来了无限的机遇和挑战。教育领域掀起了新一轮基于"标准"的革命，最明显的标志是将标准的重心从"教学内容"转向"学生学习结果"，标准中既包括教学内容，又规定了学生应具备的核心能力，如美国国家数学教师协会（NCTM）于 1989 年发布的《学校数学课程与评价标准》（以下简称"NCTM 标准"），除了按照数学学科体系将数学分成 5 个重要内容领域之外，还从学习和理解这些内容的过程和方法角度界定了五大核心能力，即问题解决、推理与论证、交流、连接、表征。

"NCTM 标准"从学科内容和对学生核心素养的要求的双重视角诠释了教育目标，提供了一个可借鉴的现代教育标准和规范的范本。这种教育标准的改革从过去的重视学科内容、教学过程的课程标准，转向重视学生核心素养的培养和学科核心能力的塑造上。相继，英国、德国、瑞士、澳大利亚等国家新近开展的国家课程标准研制项目毫无例外地都采用了这种模式。为了更好地回答应培养什么样的人这一教育问题，我国在建立教育质量标准时应吸取国际先进经验，推动教育改革以学生经历一定教育阶段后所能达到的核心能力素养为核心。

2016 年 9 月，中国学生发展核心素养研究成果在北京发布，会上公布了中国学生发展核心素养总体框架及基本内涵。中国学生发展核心素养，以"全面发展的人"为核心，分为文化基础、自主发展、社会参与三个方面，综合表现为人文底蕴、科学精神、学会学习、健康生活、责任担当、实践创新六大素养（见图 1-1）。其基本内涵如下：

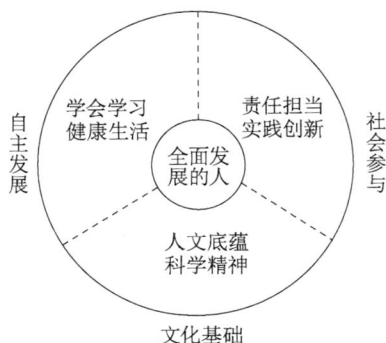

图 1-1　中国学生发展核心素养

1. 文化基础

文化是人存在的根和魂。文化基础重在强调能习得人文、科学等各领域的知识和技能，掌握和运用人类优秀智慧成果，涵养内在精神，追求真善美的统一，发展成为有宽厚文化基础、有更高精神追求的人。

（1）人文底蕴

人文底蕴主要是学生在学习、理解、运用人文领域知识和技能等方面所形成的基本能力、情感态度和价值取向，具体包括人文积淀、人文情怀、审美情趣等基本要点。

（2）科学精神

科学精神主要是学生在学习、理解、运用科学知识和技能等方面所形成的价值标准、思维方式和行为表现，具体包括理性思维、批判质疑、勇于探究等基本要点。

2. 自主发展

自主性是人作为主体的根本属性。自主发展重在强调能有效管理自己的学习和生活，认识和发现自我价值，发掘自身潜力，有效应对复杂多变的环境，成就出彩人生，发展成为有明确人生方向、有生活品质的人。

（1）学会学习

学会学习主要是学生在学习意识形成、学习方式方法选择、学习进程评估调控等方面的综合表现，具体包括乐学善学、勤于反思、信息意识等基本要点。

（2）健康生活

健康生活主要是学生在认识自我、发展身心、规划人生等方面的综合表现，具体包括珍爱生命、健全人格、自我管理等基本要点。

3. 社会参与

社会性是人的本质属性。社会参与重在强调能处理好自我与社会的关系，养成现代公民所必须遵守和履行的道德准则和行为规范，增强社会责任感，提升创新精神和实践能力，促进个人价值实现，推动社会发展进步，发展成为有理想信念、敢于担当的人。

（1）责任担当

责任担当主要是学生在处理与社会、国家、国际等关系方面所形成的情感态度、价值取向和行为方式，具体包括社会责任、国家认同、国际理解等基本要点。

（2）实践创新

实践创新主要是学生在日常活动、问题解决、适应挑战等方面所形成的实践能力、创新意识和行为表现，具体包括劳动意识、问题解决、技术应用等基本要点。

1.2.3 信息技术学科核心素养

学科核心素养是学科育人价值的集中体现，是学生学习该门学科后的期望成就。信息技术学科核心素养综合考查人、信息技术、信息社会的相互关系，通过分析信息技术在社会各领域应用中的素养概念与特征（例如ICT 素养、信息素养、媒介素养、数字素养等），聚合相关素养的实质内涵，抽象出其中的核心要点，将核心要点与国家学生发展核心素养进行映射后再确定。信息技术学科核心素养包括信息意识、计算思维、数字化学习与创新、信息社会责任四项核心内容。

1. 信息意识

社会信息总量的持续增长为人们利用信息、解决问题创造了条件，但也阻碍着人们快速、有效地获取信息。为更好地生存于信息社会中，其中的社会成员就需要具备一定的信息意识，能敏锐感知信息，正确判断信息。其内涵主要反映在两个方面：其一，能不能及时认识到信息的产生、发展与变化，即对信息的敏感度；其二，能不能对信息价值做出正确判断，用以指导个人行为的发生，即对信息价值的判断。具体表现为：在信息获取层面，能够敏锐地感知到信息的变化，根据解决问题的需要，自觉寻求恰当的方式获取与处理信息；在信息分析层面，能采用有效策略对信息来源的可靠性、内容的准确性、指向的目的性做出判断，能够对信息可能产生的影响进行预期分析，并通过合作交流，与团队成员共享信息，实现信息的最大价值。

2. 计算思维

数字化工具的普及使得基于程序驱动的技术工具渗透于人们生存的各个方面，其内部所应用的计算方法潜移默化地嵌入人们利用信息技术解决问题的过程。理解数字化工具的本质特征，形成计算思维，既可有效使用信息技术，也可避免"被技术工具所控制"的危险。计算思维的含义是指个体运用计算机科学领域的思想方法在形成问题解决方案的过程中产生的一系列思维活动，主要表现为形式化、模型化、自动化和系统化4个方面。其一，形式化指在信息活动中能够采用计算机可以处理的方式界定问题，抽象关键要素，分析要素间的关系；其二，模型化指建立信息处理的模型，合理组织数据，通过判断、分析与综合各种信息资源，运用合理的算法形成解决问题的方案；其三，自动化指探究利用信息技术解决问题的过程与方法，实现解决问题方案的自动化运行；其四，系统化指形成解决问题的系统过程，并能够将其迁移到与之相关的其他问题解决中。

3. 数字化学习与创新

在信息社会中，现实空间与虚拟空间相互交织，形成了全新的数字化学习环境，它在变革学生学习方式的同时，也对学生的学习质量和学习结果提出了更高的要求，数字化学习与创新逐步成为影响信息社会竞争力的关键因素。数字化学习与创新是指个体通过评估并选用常见的数字化资源与工具，有效地管理学习过程与学习资源，创造性地解决问题，从而完成学习任务，形成创新作品的能力。主要表现为：其一，在数字化环境中，能积极主动地利用数字化资源进行学习和创新活动；其二，能够发挥数字化学习环境的优势，有策略地减小数字技术应用的局限性；其三，能够在数字化环境中协同学习，与学习伙伴分享知识，养成创新的习惯。

4. 信息社会责任

信息技术的革新为人们提供了便利的技术工具条件，但也赋予了人们在数字化环境中的文化修养、道德规范和行为自律等方面的社会责任。因此，在新环境中，社会成员需要正确理解人、信息技术和信息社会的关系，遵守其中的规则与要求，促进信息社会的有序发展，担负起信息社会成员的责任。主要表现为：其一，具有良好的信息安全意识，利用有效的方法保护好个人信息；其二，能够遵守信息法律法规，信守信息社会的道德与伦理准则，在现实空间和虚拟空间中遵守公共规范；其三，关注信息技术革命所带来的环境问题与人文问题，对于信息技术创新所产生的新观念和新事物，具有积极学习的态度、理性判断和负责行动的能力。

1.3　信息技术学科思维

1.3.1　面向学科思维的信息技术课程

近年来，随着计算机和网络技术的发展，以及人们对技术与社会关系认识的深入，信息技术课程逐渐演变为一个目标多元、内容丰富、方法多样的现代教育领域，成为中小学的基础教育课程。信息技术课程的发展历程，大体经历了面向学科知识、面向学科工具和面向学科思维的课程开发取向三个阶段。

受 20 世纪 80 年代程序设计文化观念的影响，早期中小学计算机课程主要是通过程序设计语言展开的。例如，我国中小学计算机教育起始阶段就是将"发展学生程序设计技能"作为主要教育目标，学习内容主要包括"基本的 BASIC 语言，读、写程序和上机调试"等程序设计知识。面向学科知识的计算机课程为青少年创造了接触和了解计算机的机会，推动了中小学计算机文化的普及。但是从学生心理发展和实践效果来看，它脱离了具体的生活情境，忽视了学生自身的学习特点，并在抽象地向学生灌输程序设计知识的计算机课程实施过程中表现出知识学不懂、语言学不会、计算机课程流于形式等问题。

20 世纪 90 年代计算机操作系统和应用软件日趋成熟，一些数据库管理系统、电子报表系统、文字处理系统开始被安装到微型计算机上，越来越多的非专业人员开始从事计算机应用工作。社会对计算机应用的现实需求促使中小学计算机教育从"程序设计"转向"工具应用"，中小学信息技术课程内容也从前期的"程序设计"发展为"计算机基本组成、计算机基本操作与使用、计算机常用软件介绍、计算机对现代社会的应用"等实用性内容。这种"学以致用"的工具性课程开发取向有其存在的合理性，一定程度上激发了学生的学习动机。但是，从教育发展来看，基础教育毕竟不能等同于社会职业教育，其最主要的任务还应是促进学生综合素质的全面发展。

近年来，信息技术的革新推动了全球信息化的发展。随之，大众传媒摆脱了传统的单向、线性、控制的信息传播模式，进化为多元、互动、开放的信息化环境。信息受众也从被动的"接受者"成为信息"发布者"。在充满新奇、变幻甚至诱惑的信息环境中，中小学信息技术课程不应再局限于信息知识掌握和信息技能操练上，也不应停留于生活问题的解决上，而是更需要帮助青少年用信息技术学科思维方式理解信息世界，正确认识技术、个人、社会的内在关系，发挥信息技术的积极因素。多元智能专家霍化德·加德纳教授在对学生多元智能发展研究中指出，"只限于学科知识的学习虽然可以暂时增加学生的信息量，但过于强调知识记忆也会导致学生丧失解释新问题的能力，这就需要寻求一种新的教育设计方式，即面向学科思维。"面向学科思维的信息技术课程摆脱了"纯技术"教育的狭隘观念，从社会生态学的视角来理解信息环境中各要素的关系，希冀帮助青少年在"学技术""用技术"的基础上，能够从现实情境中批判性地认识技术变革给信息环境带来的整体影响，并应用学科思维解决信息生活中的现实问题。

面向学科思维的课程是知识技能学习与应用情境的结合，它不仅关注学生需要学习"哪些内容"，同样也引导学生理解"为什么要学这些内容""怎样学习这些内容"，以及"如何用这些内容进行专业交流"。它是在综合分析学科结构、学生特点、社会需要的基础上，对学科课程的学习缘由、知识内容、探究方法和交流方式进行一体化的架构。

（1）面向学科思维的课程树立了科学、技术与社会三元课程观。科学技术革命引发了生产工具的变革，同样也使得整个"科学范式"发生了根本性的转换。在此过程中，如果人们缺少了对人、科学技术与社会一致性的思考，忽视技术生态"范式"的重新建构，就很有可能会引发人类生存环境的潜在危机。"三元课程观"以学科综合、生活应用等多样化的方式描述科学技术与社会的关系，将学生的个人生活、科学技术、社会发展等有机结合起来，实现人、科学技术和社会的一体化的教育。在实施方式上，"三元课程观"强调应为学习者学习科学技术提供真实的社会情境，其中既包含技术原理上的知识，也要融入生活应用等其他方面的因素，实现知识学习、技能掌握、思维发展的统一。

（2）面向学科思维的课程融合了原理、方法与工具三类知识。一门充分发展的学科课程应有其独特的核心概念、逻辑结构和表达方式，以此反映学科课程的本体价值。中小学信息技术课程作为一门基础性课程同样需要明晰知识结构，辨清逻辑关系，融合课程本身所固有的原理、方法、工具三类知识。面向学科思维的信息技术课程对学科原理、方法与工具三类知识进行融合，构建课程内容体系，明确核心概念，理顺要素关系，并通过引导学生理解信息技术学科的本体价值，发展学生独特的信息技术思维方式。

（3）面向学科思维的课程渗透了信息技术学科方法与探究过程。学科课程的本质特征既取决于它特有的学科逻辑体系，也表现在它独特的研究方法和话语体系。中小学信息技术课程帮助学生了解信息技术学科的话语体系和探究方法，鼓励学生用信息技术的学科方法和研究过程去理解信息现象，思考信息问题。通过梳理国内外信息技术课程的最新研究成果发现，"关注学科思维发展的关键过程，强调学生通过'交流'与'合作'的方式，体验利用信息技术获取、分析、判断、加工、综合、创新、发布信息的过程，激励学生尝试使用'结构分析''模型设计''程序开发'和'调试完善'的学科方法进行信息交流"已成为信息技术课程改革的重要特征。

1.3.2　信息技术学科思维集

1. 认识发展理论下的信息技术学科思维集

美国教育心理学家加涅在认知心理学研究中将认识领域的学习结果分为三大类，即言语信息、智力技能和认知策略。其中，认知策略是指学生学习后形成的对内控制能力，以及调控认知活动的特殊认知技能，是学生内在价值的学习结果。华东师范大学教授祝智庭认为，就学科教育而言，其认知领域的教育意义既体现在外显的知识与技术学习方面，也反映在内隐的认识策略学习上。因此，信息技术课程在合理安排信息知识与技能、强调学生信息技术解决问题的应用行为时，更需要关注学生利用信息技术处理问题的内在思维发展，形成利用信息技术认识世界的独特思维方式，即计算思维、设计思维和批判思维（见图 1-2）。

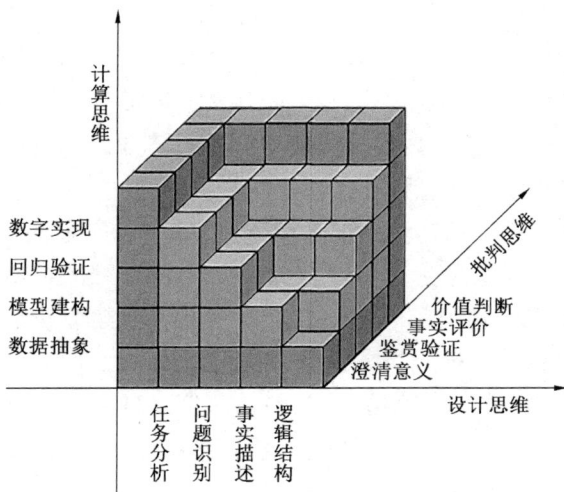

图 1-2　思维方式

2. "课程思想树"理论下的信息技术学科思维集

南京师范大学教育科学学院的李艺和朱彩兰教授认为，课程思想能够反映学科价值，源于课程思想指向特定的思维品质。思维品质是课程思想的核心指向及具体形式，而课程思想则是思维品质"集"的抽象与概括。秉持"投射型"课程建设思路，确立了程序设计树、文件管理树、数据管理树、编辑制作树、通信与交流树五个思想树，以此为基础进一步探讨各思想树指向的思维品质，形成计算思维、管理思维、结构化思维、设计思维、合作思维等思维品质"集"。

综上所述，信息技术学科思维集应包含以下基本元素：

（1）计算思维。计算思维是运用计算机科学的基础概念去求解问题、设计系统和理解人类的行为。发展学生数据抽象、模型建构、回归验证、数字实现的计算思维方式、提高学生利用信息技术解决问题的能力是信息技术课程的一项重要内容。

（2）设计思维。设计思维就是学习如何思考问题，提出有意义的创意和想法，还原事物本质来解决特定人群的实际问题。设计思维不仅仅是指设计师思维，还包含在各行各业中甚至是家长对孩子创造力的培养方式。其基本过程为：学会建立"同理心"思考问题，学会发现真实问题并重新定义它，利用原型制作把想法从脑子里"拿"出来，测试并实施最优计划。

（3）批判思维。所谓批判思维是指人们能发现某种事物、现象和主张的问题所在，根据特有的思维逻辑做出的理性思考。2008年，国际教育技术协会分析了学生使用信息技术工具中的现实问题，重新修订《面向学生的国家教育技术标准》，将批判思维作为一项重要内容，明确提出要"发展学生批判思维的技能，引导学生合理地使用数字化工具和资源做出信息选择与判断，解决具体问题"。因此，发展学生的批判思维、提高学生对信息应用的自控能力是中小学信息科技教育的内在价值之一。

（4）结构化思维。结构化思维是指在分析和解决问题时，按照规范的模式或流程思考，以保证思考全面、有效。结构化思维的本质是逻辑，它将零散的思维、灵感、知识、信息、数据等用一种框架收拢起来，让繁复的问题简单化，并获得一种分析方法甚至是量化工具，使我们可以透过现象看清事物的本质。结构化思维能站在整体角度，遵循启发性的原则分解问题，循序渐进、逐步求精，全面完整地对问题进行系统性的思考和解决，在各个领域得到广泛应用。

（5）管理思维。管理思维是与人的管理行为相伴而生的思考活动，是管理者为实现既定目标，在对其管辖范围内的人或物进行计划、组织、协调、控制过程中的心理智能活动。

（6）合作思维。一般来说，合作是指两个以上的人在工作、休闲或社会关系中通过相互帮助、共同活动、相互配合，以追求共同的目标，享受共同的成果，或增进友谊的行为。合作思维是指在共同完成任务时，相互理解、相互支持、换位思考，使任务的完成效果最大化的思维过程。

1.3.3　核心素养理念下的信息技术课程目标

1．"双基"目标

"双基"教学出现于 20 世纪 50 年代，即中华人民共和国成立初期。当时，经济、科技、文化、教育等各项事业百废待兴，社会需要大量具有扎实的科学知识和劳动技能的人才，以适应和从事社会主义建设。在这样的背景下，1952 年 3 月，教育部颁发的《小学暂行规程（草案）》中提到：小学的教育目标之一是"使儿童具有读、写、算的基本能力和社会、自然的基本知识"。1978 年，教育部颁布的《全日制十年制学校中小学各科教学大纲（试行草案）》中提到：教材编写思想包括"十分注意加强和精选基础知识""为了加强基础，必须重视基本技能的训练"。到 20 世纪 80 年代，"双基"理论进一步获得了广泛认同，例如 1984 年董远骞教授等编写的《教学论》中就系统阐述了"双基论"思想；《中小学计算机课程指导纲要》（1994 年）指出，"计算机课程将逐步成为中小学的一门独立的知识性与技能性相结合的基础性学科。"直到现在，"双基"一词还一直活跃在教育界的视野中。

2．"三维"目标

20 世纪末，社会发展逐渐步入知识经济时代，单纯地掌握基础知识、熟练基本技能已经不能适应时代发展对人才的需求。1996 年，国际 21 世纪教育委员会向联合国教科文组织提交名为《学习——内在的财富》的报告，提出教育应当"使人们学会做人，实现个人的全面发展"。这份报告使教育工作者们意识到教育的意义在于促进人的全面发展，而非仅仅使学生掌握大量知识，因此，教育改革势在必行。由于我国的课堂教学长期以来受凯洛夫教育学思想的影响，片面强调"双基"目标，忽略儿童的个性发展和自主性，因而容易导致学生创新意识和实践能力薄弱，缺乏国际竞争力。1999 年 6 月，党中央国务院颁布的《关于深化教育改革全面推进素质教育的决定》中提出全面推进素质教育，为我国基础教育课程改革指明了方向。2001 年，教育部颁布的《基础教育课程改革纲要（试行）》中提出：新课程的培养目标应"体现国家对不同阶段的学生在知识与技能、过程与方法、情感态度与价值观等方面的基本要求",这是从国家课程改革的宏观视角第一次将"过程与方法、情感态度与价值观"作为学生发展的重要维度提出,强调要"改变课程过于注重知识传授的倾向,强调学生要形成积极主动的学习态度,使获得基础知识与基本技能的过程同时成为学会学习和形成正确价值观的过程",这种阐述体现了三维目标的本质内涵。

以《纲要》为指导,教育部颁布的各学科课程标准均以"三维目标"为深化素质教育的途径,体现学科对学生发展的价值和功能,并在教学实践中得以贯彻和实施。

3. 核心素养

相对于"双基""三维"目标,核心素养更加全面和深入,但它依然存在不足,如缺乏对教育内在性、人本性、整体性和终极性的关注;缺乏对人的发展内涵特别是关键素质的清晰描述和科学界定。"三维"目标更像是一个宏观框架,而核心素养是这个框架里的关键要点——没有要点的框架如同"空中楼阁",难以支撑教学的深层次改革。这就需要从"三维"目标走向"核心素养",进一步明确各学段、各学科的育人目标和任务,建立学科核心素养体系,加强各学段、各学科课程的衔接与配合,改造传统的教学方式——只有这样,才能真正实现教育对人的全面回归。

核心素养的提出对课堂教学中如何通过"三维"目标最终落实立德树人的根本任务,以及学生行为表现背后的素养结构进行了内涵规定,所以在教学中需更加注重学科的融合,在真实的情景中进行师生互动,体现教师对课程的创新和学生对问题的独特思考,在课程目标的取向上,将随着教学内容和教学情境,不同程度地体现以上三种取向的不同特质,并以三种目标取向的融合视角,充分重视知识与技能对于素养养成的奠基作用,同时重视学生的体验和感受,以实现学生的全面发展。

4. 核心素养的落地——三层结构

为了解决核心素养在实践教学中难以落地的问题,南京师范大学李艺和钟柏昌教授创造性地构建了核心素养的三层结构:最底层的"'双基'指向"(称为"'双基'层"),以基础知识和基本技能为核心;中间层的"问题解决指向"(称为"问题解决层"),以解决问题过程中所获得的基本方法为核心;最上层的"学科思维指向"(称为"学科思维层"),指在系统的学科学习中通过体验、认识及内化等过程逐步形成的相对稳定的思考问题、解决问题的思维方法和价值观,实质上是初步得到学科特定的认识世界和改造世界的世界观、方法论，如图 1-3 所示。

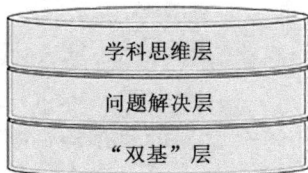

图 1-3 核心素养的三层结构

核心素养的三层结构形成一个完整系统，三层之间有内在的密切联系。其中，"双基"层最为基础，学科思维层最为高级，而问题解决层发挥着承上启下的作用。从上到下或从下到上，三层结构遵循"向下层层包含，向上逐层归因"的规则，相互依托，又相互归属。三层架构可解读为：问题解决层以"双基"层为基础，学科思维层以"双基"层和问题解决层为基础；学科思维层是学科课程的灵魂，也是学科课程与"人的内在品质"相应的本质所在，它作为人的内在品质的基本背景，唤醒并照耀着问题解决层和"双基"层，使之共同产生价值和意义。

案 例

《声控机器人》教学设计
周旺纯

一、教材分析

本课为苏科版《小学信息技术》（2018 版）六年级第 12 课。学生在之前的学习中已经在"形"和"义"上初步认识和了解了机器人，以及如何利用脚本语言控制机器人。在此基础上本节课将声音传感器引入课堂，通过声音传感器接受声音的域值来控制程序。

二、学情分析

学生在学习这一课时，有着较为强烈的实践需要，学生可操控的范围较大，属于实践性的内容。因此，在本课的教学中，教师要给学生留有足够的操作时间，让学生的实践中掌握声控传感器的应用。

三、教学目标与要求

（1）"双基"层：理解声音传感器的工作原理，了解声控机器人的编写流程，掌握控件库中声音传感器的设置方式；

（2）问题解决层：理解用声音控制机器人活动的流程，能够运用声音传感器制作各类应用机器人。

（3）学科思维层：能够通过声音传感器解决学习生活中的实际问题，在主动探索研究的过程中形成高阶的设计思维、计算思维和创新能力。

四、教学重点与难点

（1）重点：学会设置声音传感器的程序和参数；

（2）难点：理解用声音控制机器人活动的流程；

五、教学思路

逆向工程作为一种通过对目标产品的逆向分析和研究来实现产品优化与再创造的过程，在工程类专业课程的教学中具有广阔的应用前景。机器人教育这一新的教育领域，传统教学方法难以充分发挥其教育价值，而逆向工程法却体现出较为明显的优势和适用性。声控机器人从程序结构上来讲对学生并不是太难，重点应该落在重构与创新之上。因此本节课采用的是结构创新型教学模式，侧重以"分解—结构再造"的方式促进学生实现知识应用和创新实践。教学中关注学生小组内的分工合作，将小组人员分为规划员（一般由组长担任）、软件操作员（1～2人，由组长决定测试顺序）、硬件操作员，任务完成后进行轮换。

六、教学过程

（一）分解观察，认识声音传感器

1. 生活中的噪声监测仪

（课件出示：噪声监测仪）

讨论：在繁华的闹市口，我们经常会发现这种装置，大家知道这是什么吗？它有什么作用？

噪音会影响人的睡眠质量，强烈的噪声甚至使人无法入睡、心烦意乱，或使人多梦、惊醒，而老年人和病人对噪声的干扰更为敏感。所以我们要——减少噪音。

2. 我们的噪声监测仪

出示开源机器人搭建的噪声测试仪，测试并讨论机器人数码管上显示的数字与声音大小之间的关系。

思考：除了用来显示数值数码管，猜猜机器人身上还应该有一个具有什么样功能的传感器？

猜想：声音传感器获取的是什么信息，输入的又是什么信息。

结论：声音传感器获取的是声音的信息，输入的是声音大小的信息。

3. 认识声音传感器

观察声音传感器，讨论声音传感器与其他传感器相比有什么特别之处。观看传感器介绍视频。

4. 测试传感器

出示噪声测试仪的脚本（如图 1）。

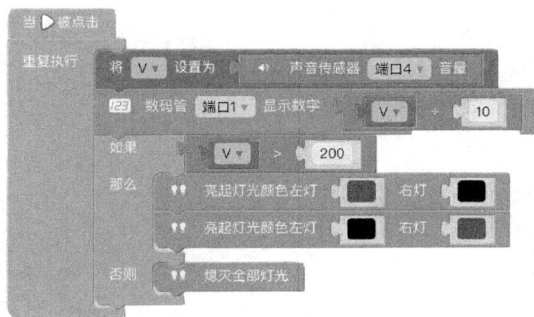

图 1

讨论：

脚本中哪一个控件是用来获取声音信息的？

为什么我们在保持安静的情况下，声音传感器的数值不是为 0？

将声音大小的数据（也就是音量）储存到变量里有什么用处？

根据获取到的声音数值，机器人一共完成了哪几个动作？

总结：搭建声控装置，首先应该有声控传感器，其次要有相应的脚本读取声控传感器的值，最后根据读取到数据让机器人执行相应的动作。

（二）结构再造，搭建声控过道灯

1. 安装声音传感器

实践操作：将传感器安装到机器人合适的地方。注意传感器端口上的颜色为黑色，说明只能将传感器利用 RJ11 线连接到机器人的 3 号端口或 4 号端口上。由于 3 号端口已经连接了超声波模块，因此可以将传感器连接到 4 号端口。

2. 编写声控脚本

讨论：我们在生活中哪些地方可以见到声控设备呢？如何控制灯亮？声控灯又是怎么关灯的？

根据学生的描述，制作出声控灯的流程图（如图 2）。

为了让声控灯能够多人连续使用，经讨论修改流程图（如图 3）。

出示流程图4，讨论程序的区别。

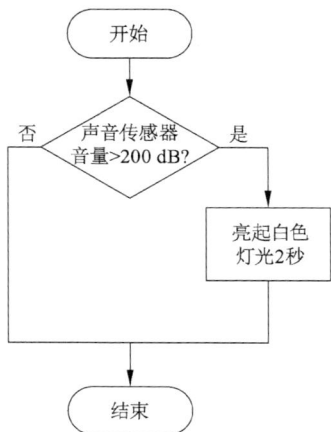

图2

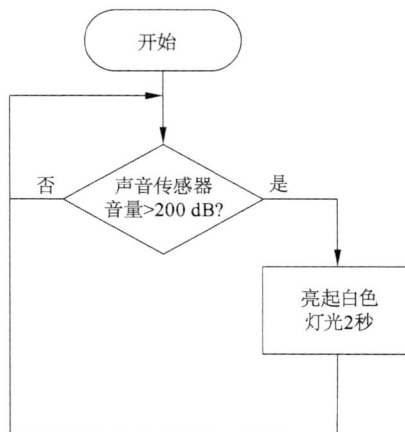

图3

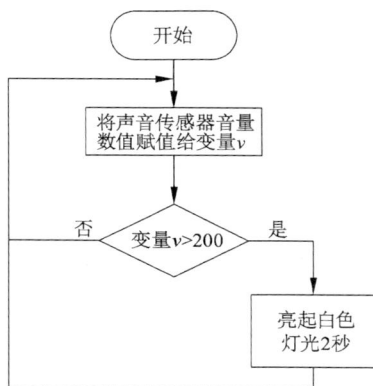

图4

小组合作，编写声控灯程序（如图5）。

提醒规划员、软件操作员、硬件操作员间要分工合作。

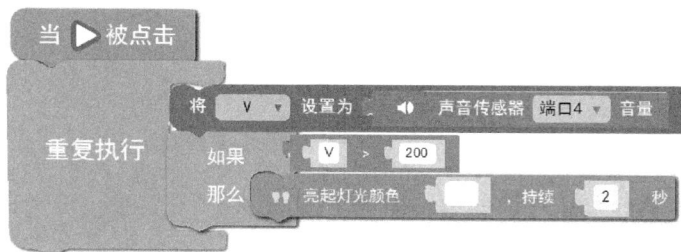

图5

3. 学生测试

学生分组进行测试。

（三）产品创新，规划声控机器人

利用声音传感器，结合机器人的运动积木、声光积木，我们就可以搭建出具有各种神奇本领的机器人。

请大家拿出《任务单》，小组讨论并拿出规划。

任务单

小组	第＿＿＿＿＿小组		
分工	规划员： 软件操作员： 硬件操作员：		
项目名称	声控＿＿＿＿＿＿机器人		
功能简介			
所需积木			
流程图			

可以设计出声控前进机器人、声控拐弯机器人、声控竞速机器人、声控灯光报警机器人、声控发声机器人等。

规划汇报，演示机器人。

（四）综合练习，组建声控救援车

利用机器人的声控传感器，可以制作出具有实际应用功能的机器人。

出示任务三：搭建一辆紧急救援车，只要听到动静，亮救护灯、鸣警笛，然后出动。

警灯积木（如图6）：

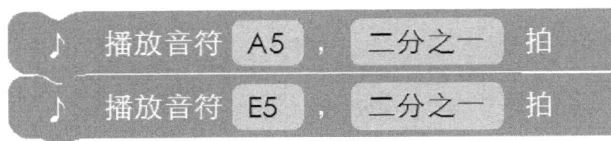

图6

警报积木（图7）：

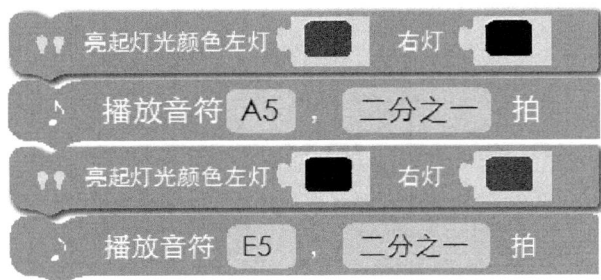

图7

想一想：怎样让警灯和警笛同步运行？

学生搭建并演示（如图8）。

图8

（五）总结

同学们，通过这一节课的学习，你有什么收获？

（2019年盐城市小学信息技术教学研讨课）

第 2 章　信息意识

2.1　信息意识的概念

随着网络和信息技术在人类生活中的深度融合，人类社会已经站到了信息社会的入口。技术延伸了人类获取和加工信息的能力，使我们可以在任何时间任何地点向任何人学习任何内容，但同时也带来了信息秩序的混乱。为了适应信息社会开放的学习内容和学习方式，学习者不仅要掌握信息知识和技能，更需要具备良好的信息意识。

信息意识是指个体对信息的敏感度和对信息价值的判断力。具备信息意识的学生能够根据解决问题的需要，自觉、主动地寻求恰当的方式获取与处理信息；能够敏锐地感觉到信息的变化，分析数据中所承载的信息，采用有效策略对信息来源的可靠性、内容的准确性、指向的目的性做出合理判断，对信息可能产生的影响进行预期分析，为解决问题提供参考；在合作解决问题的过程中，愿意与团队成员共享信息，实现信息的更大价值。

2.2　信息意识的内涵

信息意识包括信息价值意识、信息安全意识、信息道德意识、信息共享意识、信息创新意识和信息交流意识等诸多方面。

1. 信息价值意识

信息与材料、能源已经成为当今世界发展的三大支柱，成为促使科技创新、社会变革和经济发展的主导因素，信息的价值、作用与日俱增。现代社会的竞争越来越表现为对信息获取、开发与利用的竞争，人们对信息的依赖程度将会越来越高。因此，人们要充分认识到信息的重要性，形成"信息就是资源""信息就是财富""信息就是效益""拥有信息就是拥有生存权和发展权"的信息价值观，并能从价值与功能的层面对信息产生极高的关注度，在平时的学习、工作和生活中具有强烈的获取、开发和利用信息的意识。

2. 信息安全意识

信息技术的高度发展为人们的信息生产、传播和使用带来了极大的便捷，但同时也给信息安全增加了太多的隐患，且不说网络黑客和计算机病毒这两种危害信息安全的大敌，就是人们在从事信息活动中稍有不慎都有可能发生信息安全问题。国内外数不胜数的信息安全事故案例，大多是由于信息安全意识淡薄造成的。因此，信息安全意识尤为重要，人们必须具有自觉保护国家机密、单位和个人隐私的意识。

为了规范人们的信息行为，维持正常的信息秩序，构建健康、和谐的信息环境，世界各国都制定了关于信息生产、传播、获取、利用等一系列的法律法规。所以，人们必须具有良好的信息守法意识，在信息活动中严格遵守信息法律法规，把自身的信息行为控制在法律法规允许的范围内，不越雷池。自觉尊重他人知识产权，坚持合理使用原则；自觉尊重他人隐私，保守单位和国家机密；不传播淫秽、迷信、谣言、欺诈等方面不良信息和虚假信息。

3. 信息道德意识

在信息化时代，人们获取、存储、处理、传输信息的行为已成为最基本的社会行为。由于立法程序具有滞后性、法律惩处具有局限性，加上信息网络空间高度的开放性和虚拟性、信息行为主体的隐蔽性和匿名性，法律、技术手段都难以从根本上解决所有问题。在法律、技术都无力的情况下，运用信息道德规范来维持和发展信息文明成为最佳方法。道德的作用往往超越法律的约束范围，不仅能调整人们的外部行为，还能调整人们的动机和内心活动。道德作用的最高体现就是将共同遵守的规范、准则内化升华成个体的自觉意识（信念），从而产生自戒、自律、自我约束的作用。在高度网络化的信息社会里，"慎独""自爱"的道德意识显得弥足珍贵。因此，只有社会全体成员都具有良好的信息道德意识，自觉遵守信息活动的规范与准则，才能从根本上预防和杜绝不良信息行为。

4. 信息共享意识

信息资源不同于其他资源，它本身就具有共享性，能够被众多使用对象分享，且同一信息不会因使用对象的多少而导致其信息量发生增减。在今天这个大家公认的高度信息化社会里，贫富的差别已越来越多地表现在对信息技术和信息资源的占有和利用上。信息贫富差距已成为一个全球性问题，引起了各国政府的高度重视，包括我国在内的许多国家不仅制定了信息共享政策，而且建设了一系列信息共享工程。信息资源的合理共享，有利于实现信息资源的合理配置，能充分发挥信息资源的价值与作用，有效地缩小信息鸿沟，消除信息贫困，极大地满足人们的信息需求，最终推动人类的全面发展和社会的全面进步。因此，人们必须对信息资源共建共享具有正确的认识和积极的态度。

5. 信息创新意识

创新是社会发展的原动力，没有创新，社会就会停滞不前。在信息化社会里，无论是从事物质、精神产品的生产，还是社会关系的构建都需要具有创新意识，即不为旧的框架所束缚，突破常规模式，超越时空概念，开辟新的思维境界。社会经济、科技、政治、教育等方面的改革与发展无不是源于创新意识，创新已成为衡量经济发展、社会进步、文化发达的重要标志。为适应社会变革与发展，推动社会的进步，人们不仅要有高度关注信息、充分利用信息的意识，还要有不断创新信息的意识。

6. 信息交流意识

"知识因传播而美丽。"古往今来，人类的知识无不是通过传播才得以延续与发展。知识只有得到传播之后，才能显示价值，发挥作用，产生力量，得到更新，从而推动人类社会的进步与发展。广播电视和互联网等现代化传播技术的诞生，使得信息、知识的传播范围和速度得到空前提升，也使信息、知识的价值和作用得到充分的彰显。信息交流也是信息共享的一种基本形式，如果没有信息交流意识，那么信息共享也就无从谈起。所以，现代信息社会要求人们既要有知识产权意识和信息安全意识，又要有信息交流意识，使社会公众在"合理使用"原则下充分享有获取、利用知识和信息的权利。要充分认识到，知识、信息的保护是为了更好地利用，而绝不是为了垄断信息、阻碍信息的正常传播。

2.3 信息意识引领下的教学建议

信息意识是学科核心素养体系中最为活跃的素养要素，是引领学科核心素养发展的关键，以促进学生学会发现问题并将其作为解决问题的起始，以信息意识引领计算思维、信息社会责任、数字化学习与创新自觉化发展，是培养学科核心素养的基本途径。从某种意义上说，信息意识是计算思维、信息社会责任和数字化学习与创新的自觉化，发展信息意识就是发展学科核心素养。一方面，学科核心素养的发展以信息意识发展为起始和前提，体现了信息意识的基础性；另一方面，其他素养要素及学科核心素养的发展又丰富了信息意识的结构，推动了信息意识的自觉发展。学科核心素养原本产生于人们认识和改造世界的信息社会实践，是实践经验和认识结果在人心理层面的转化。因此，学科核心素养的培养和发展也应回归到现实信息系统问题发现与解决实践中。换言之，课堂教学应以自主、合作、探究的项目式教学方法为主，为学生提供亲身参与信息实践、发现问题和解决问题的探究学习机会。而基于项目教学法对教材组织的要求，消解传统教材与教法"二元对立"矛盾，信息技术课程教材的开发应打破原有以知识点为主线的教材组织形式，转向以"项目—任务—活动"为单元设计主线，以"教材变"推动"教法变"，以"教法变"促进学科核心素养全面发展。

1. 数字化学习环境创设及信息丰富度阶梯设计

信息意识引领的学科核心素养教育不同于面向知识传授的传统教育形式。信息意识所追求的"对信息的敏感度、价值判断力"及"计算思维、信息社会责任及数字化学习与创新的自觉化"，很难在传统教授式课堂中发展。回归社会现实信息环境样态，教师应选择具有教学意义的真实信息情境，帮助学生创设技术丰富的数字化学习环境，依托数字化环境对学习的给养力，实现学科核心素养自觉发展。其一，巧妇难为无米之炊，数字化学习环境应能够为学生提供探究学习所需的各种知识材料和信息资源。其二，为发展学生自觉、主动寻找信息的意识，在为学生提供丰富的信息资源支撑的同时，还应为其提供发现问题、产生信息需要、寻找资源、判断资源真伪和价值的契机。培养学生即使在资源匮乏的条件下，也能够通过网络或其他平台，自觉、主动寻找资源、判断价值的意识和甄别的能力。其三，数字化环境还应提供能够支撑信息获取、共享、价值、问题、安全、责任、学习、创新意识等要素所对应行为发生的物理及情感条件。通过"虚拟和现实""生活与学习"等空间维度的交叉融合，激发学生学习探究的动机和兴趣，进而促进学生形成察觉、判断、认识信息的习惯和社会化学习能力。

具备良好信息意识的人必然是能从鱼龙混杂的信息环境中敏锐感知、

发现和获取自己所需要的目标信息和资源，并能分辨其价值性和真伪性。一般而言，任务与情境的信息丰富度及复杂度反映了学生发现问题的自觉意识水平、解决问题能力的水平和学科核心素养水平。显然，信息意识引领学科核心素养发展与环境的信息丰富度具有密切关系。仅一味满足学生参与实践对知识、信息的需求，并不能很好地促进学生寻找、辨别信息的意识和其他素养要素的发展。就发展学科核心素养所需环境的"应然"状态而言，数字化学习环境与资源的设计应看齐实际社会环境信息资源分布不均及杂乱之现状，对其信息、技术丰富度逐渐实施"降维"设计。"降维"的本质在于通过设计，使技术信息丰富、信息矛盾冲突尖锐、信息价值较高的信息环境，走向信息贫乏、信息问题隐蔽、信息易用度低的环境，以此诱导学生反映信息的自觉性和敏感性水平的提升。换言之，通过教学干预，外界信息丰富度与学生内在意识水平此消彼长，以信息环境信息丰富程度的波动引发意识的自觉发展，以信息问题、任务的复杂度变化推动信息意识引领学科核心素养整体自觉化发展。此外，就资源而言，传统教学资源的组织固定性、封闭性和精挑细选，并不十分有助于学科核心素养的发展。因此，只有以教材为依托，将教学资源范围拓展到广袤、复杂的现实信息社会生态中，让学生自己发现、探索、认识这个资源分布不均的"大天地"，才能保证学科核心素养的长足发展。

2. 以"项目—任务—活动"重构面向学科核心素养的教学模式

基于数字化学习环境的支撑，信息意识引领学科核心素养发展的教学模式应以项目教学法为主要借鉴。项目教学法强调着眼社会实践中的真实问题，将课程内容按类别分为若干知识或技能单元，每个知识或技能单元对应一个具有真实性、实践性的教学项目，以实现理论与实践一体化教学。项目又可以划分为多个子项目，或称为任务；每个任务具体对应一个或多个学习活动。为完成任务，学生以信息系统问题发现者、解决者、实践者的身份进入任务情境，开展学习活动，以自觉信息意识为引领，自主探索，进而实现发现问题和解决问题的能力的提升和素养的发展。

其一，在教学内容上，项目内容应涵盖信息意识素养的四组结构要素所涉及的知识及问题领域，着眼学生认知能力、素养基础水平及课程目标对学科核心素养发展的要求，以"项目—任务—活动"提炼、表征现实信息系统问题的存在形式。利用信息技术，将信息知识、思维方法、伦理规范还原为真实情境中的问题项目、任务和活动，使之符合学生的认知规律和特点。以教学内容的真实性、挑战性及价值性激发学生主动发现问题、探究学习、完成任务的动机、兴趣和创造性解决问题的期望，为学习活动的开展和信息意识引领学科核心素养的发展提供知识材料和情感支撑，以此实现"教材"向"学材"转变。

其二，在教学方法上，教学活动的组织应着重关注信息意识素养的四个发展维度。有效参与解决信息问题的实践是实现个体素养发展的根本方法，而项目教学法则是以接近信息社会实践真实样态的形式组织教学活动，为学生素养发展提供发现问题和以自主、合作、探究方式解决问题的机会，保障学生经历发现、分析、解决问题的过程，从中实现信息意识的"反应能力""思维过程""思维状态""认识结果"等维度的全面发展，进而统领学科核心素养的整体发展。因此，为发展学生察觉、发现信息问题的意识，教师对项目或任务的预设应以"话题"的方式呈现，而不是固定"命题"。在此原则的指引下，教学中应注意：① 倡导学生从"项目"主题及自身实际信息需求和兴趣出发，自己发现、提炼、提出问题，在教师的指导下自主设计或选择"任务"，以真实任务驱动、唤起、维持学生的学习兴趣和动机；② 教师辅助或学生自己主动分解任务、分配任务、认识任务、察觉任务之间的关联和完成任务所需要的信息条件；③ 在教师引导下，学生主动查找资源，辨别信息资源的真伪及其对解决问题的价值性；④ 学生自主管理、处理信息，利用信息解决问题、完成任务，并形成对活动成果的初步认识；⑤ 教师与学生一起探讨、反思整个信息系统问题发现、解决过程的道德伦理规范性、技术思想及方法的创新性等，形成对信息系统问题解决方法、思想及信息技术价值、角色的理性认识。

其三，在素养发展方面，以信息意识的"四组要素及四个维度"的发展为契机和着眼点，牵动整个学科核心素养的全面发展。① 学生在发现问题、解决问题、完成任务的过程中，一系列的发现、获取、分享、判断、抉择、管理、利用、创新等信息行为自觉发生，使其学习的意识、兴趣、动机得到强化，数字化学习能力得以发展，并逐渐形成对创新、创造性解决问题的期望；② 察觉、判断、认识信息的敏感度、自觉性及信息反应能力得到发展，信息意识水平得以提升；③ 在发现问题、解决问题的过程中，计算思维的理性、精准性和迅捷性得以发展，自觉性得以提高；④ 为有效地完成任务，遵循信息道德伦理规范的责任意识也得以发展，责任意识的自觉性得以提高。

案 例

字字皆文章
——浅谈小学信息技术《输入文字》部分的有效教学

周旺纯

苏科版《小学信息技术》四年级下册第 2 课《输入文字》主要是以"智能 ABC 输入法"为例引导学生学习输入文字的方法，包括输入单个汉字、词组和标点符号三个部分。该学科上册教材中曾经介绍过"全拼输入法"输入单字，因此学生有一定的文字输入基础，部分学生已经能够熟练地输入整段文字。但在实践中我们发现，也有部分学生操作实践较少，有的甚至连最基本的指法都未掌握，用的是所谓的"二指禅"。如果在课堂教学中内容设计过深，部分学生会跟不上；内容设计过浅，好学生又提不起劲，教学尺度较难把握。再从教材的体系来看，本课介于"画图部分"和"Word 文字处理"两个章节之间，属于相对枯燥的部分，如按照教材平铺直叙，势必影响课堂教学的教学效率。在本课程教学中如何发挥学生的能动性，提高信息技术课堂的有效性，我认为可以从以下几个方面入手：

一、趣味导入，激发学习的主动性

爱因斯坦说："兴趣是最好的老师。"在讲授新课之前，教师依据一定的教学目标，根据教材的具体特点，精心设计一小段（三至五分钟不等）与教学内容相关的课引，以引起学生注意，使学生的思维活动呈现出一种积极的状态。它虽然不是课堂教学的主要内容，却是与教学内容紧密相关的一个重要的教学步骤，能够帮助学生展开思维、丰富联想，使之很自然地进入最佳学习状态。

阜宁实小张老师的导入部分，设计的是通过唱儿歌《找朋友》给古代汉字找朋友，从而激发了学生的学习兴趣，调动了学生课堂活动的积极性。尤其是"远古人类用工具刻字，前人用毛笔写字，我们现代人用电脑输入汉字"这句导入语，既点明了课题，又暗示了信息技术在人类文明发展史上的巨大作用。

盐城实小陈老师的导入，是要求学生在电脑上写出当天的日期。早就学过"全拼输入法"的学生们一个个胸有成竹，满以为是小菜一碟，谁知在输入"0"时却遇到了困难。学生一下子明白了汉字输入还是有探究价值的，立刻由浮躁变得认真起来。

总之，好的课堂导入是师生间建立情感的第一步。它既能引起学生的兴趣，又能激发学生的求知欲，为整节课的学习打下良好的基础，使整个教学活动进行得生动、活泼、自然。

二、巧设情境，增强操作的实践性

情境是课堂教学设计的重要组成部分。一个宽松、民主、活跃的课堂环境对于激发学生思维、培养学生能力是相当重要的。在信息技术课堂教学过程中创设各种情境激发学生的主动性和创造性，可以促使课堂在情境中有机拓展，学生情感在情境中充分体验，教学效果在情境中不断提高。

张老师在教学过程中设计了一组与学生一起夺小旗的活动，并随着教学活动的深入给各小组陆续加上获得的旗帜。这样不仅激发了学生的学习热情，还培养了同学们团结合作的精神。

盐都尚庄小学的潘老师组织了一次古诗欣赏活动。她让学生从"欣赏"到"朗读"再到"输入"，在学习古诗的过程中解决单字、词组的录入，以及隔音符号的使用，在不知不觉中一步步达成教学目标。

教学是一个复杂的过程，不同的人，不同的情境，都会产生不同的教育效果。条条大路通罗马，教师只要根据实际情况，精心设计教学"情境"，真正扣住学生的心弦，就能使每堂课都变成一次愉快的学习旅程，让学生在玩中练、乐中学。

三、有效提问，注重问题的启发性

有效提问是指能引起学生回应和回答的提问。在信息技术教学中，有效的提问能促使学生深入地思索工具、软件的内在含义，培养学生学工具并利用工具解决问题的意识和习惯，从而提升学生的信息素养。

有效的问题应具有如下基本特征：一是应简短、清楚明了。学生能快速了解问题并能明确知道该回答什么、怎么回答。二是有目的性和针对性。问题应紧扣教学目标和教学重点、难点，避免可有可无的问题。三是有组织、有顺序。问题能使学生在联系原有知识的基础上，建立起一个清晰的知识发展的逻辑结构。四是问题能引起学生积极的思考和强烈的反应，能引发更复杂的心理活动。五是问题具有一定的认知难度，能拓展学生思维发展的空间。

如陈老师在完成输入单字的环节后向学生提问："要想成为输入文字的能手，仅仅会输入单个汉字是远远不够的，据统计，汉语中有87%的日常用语是词组，比如大家刚才练习的儿歌当中就有很多词组，如果我们能把词组作为一个整体输入会不会快一些呢？"该问题的提出不仅自然过渡到"词组录入"这个环节，而且激发了学生探究的欲望。

潘老师向学生提出："按数字键或鼠标单击都可以选择你要的汉字，出现字词选择框，我们应该用哪种方式呢？"该问题引起了学生热烈的讨论。最后总结出两种方法各有优势，要根据实际情况选择合适的输入方式。

总之，课堂提问应以"启发式"和"教师为主导，学生为主体"的教学思想为指导，引导全体学生进入积极的思维状态，学会研究问题和解决问题的方法，从而达到培养学生分析、概括能力的目的。

四、任务引领，提高学习的实效性

信息技术课是一门实践性很强、极富创造性、具有明显的时代发展性特点的课程。它是技能课，但技能课不等于技术训练课。技能课应强调融入实际问题和具体的工作情境中，只有在贴近实际的技能学习与运用中，学生才能够自然地运用技术加以解决，才能实现学习的迁移。

在信息技术课中体现"任务驱动"教学法，就是让学生在一个个典型的信息处理"任务"的驱动下展开教学活动，引导学生由简到繁、由易到难、循序渐进地完成一系列"任务"，从而得到清晰的思路、方法和知识的脉络。同时，在这个过程中，学生还会不断地获得成就感，可以更大地激发他们的求知欲。因此，在小学信息技术课的教学中，"任务"的设计和编排非常关键，直接影响教学效果。一般来说，设计"任务"时要有明确的目标要求；具有可操作性；符合学生的特点；注重渗透方法；注重创设适当的教学情境；注意个别学习与协作学习的统一。

滨海实小的徐老师结合元旦节大家都想送贺卡的愿望，让学生利用前面学过的知识，自己输入文字，制作贺卡，让学生感到所学的知识能应用到自己的生活中。

张老师设计的是同学们经常开展的文艺活动——成语接龙，不过这次是要求学生在电脑屏幕上"写"出来。活动后学生不仅要演示自己的成果，还要对其他小组的完成情况进行评价，学生借助这样的展示评价的过程，进一步掌握输入词组的方法。

总之，教师进行"任务"设计时，要仔细推敲每个知识点，统筹兼顾，为学生设计、构造出一系列典型的操作性"任务"，让学生在完成"任务"中掌握知识、技能与方法。

五、分层教学，关注学生的差异性

由于各个学生的先天素质、教育影响和主观努力程度的不同，同一个班级的学生在学习上存在明显的差异。这就要求教师应从实际出发，实施有差异的分组、分层教学。这是面向全体学生进行因材施教，大面积提高教学质量的需要，也是培养学生竞争意识，适应未来社会激烈竞争的需要。

根据不同层次学生的认知水平，确定各层次学生的不同要求，对学有余力的学生，要求他们跳一跳，除了做完共同的作业外，还可以再做一些额外的、难度大的题目。对学习有困难的学生，则要求掌握教学要求中最基础的内容。

陈老师在教学中不仅使用了"课件"，而且使用了"学件"。进入每一个环节，都会有不同的操作要求。如在单字练习中，学生在做完上一个有铺垫的练习后，再进行单字专项练习，即使是基础差的学生也能完成基础练习。练习的内容是学生熟悉的儿歌，既让学生没有枯燥感，也让学生有进一步练习的欲望。更主要的是儿歌和要输入的字都是随机出现的，完成得较快的同学可以单击"大拇指"继续练习，确保每一个学生在课堂上都有事可做。

潘老师设计的练习也颇有特色，课堂上的每一个练习都注意到由浅入深，由单一到综合。如单字输入：春暖花开（直接选中）→智勇双全（需要翻页）→千山万水（快捷选中）→绿草如茵（怎么输入 ü？）。每一个学生都愿意去挑战，每一个学生也都有收获。

实施分组、分层教学可以大面积提高教学质量，使后进生堂堂学有所得，提高学习计算机的兴趣，优生堂堂都能吃得饱，增强自学能力和吸取知识的独立性，有利于全面实施素质教育和适应社会需要的新型人才的培养。

总之，在小学信息技术课堂教学中，只要我们坚持课程改革和创新精神，精心设计每一节课，坚持面向全体学生，关注学生的学习经历，让学生掌握利用信息技术解决实际问题的方法，就能把有效的教学工作落到实处。

（《中小学电教》2013.9）

第3章　计算思维

3.1　计算思维概述

3.1.1　计算思维的提出

思维是人脑对于客观事物的本质及其内在联系间接的和概括的反映，是一种认识过程或心理活动。简单地说，思维是人进行思考、通过人脑的活动解决问题的能力，是人的智力在一个方面的体现。思维方式也是人类认识论研究的重要内容。

2006 年 3 月，时任美国卡内基·梅隆大学（CMU）计算机科学系主任、现任美国国家科学基金会（NSF）计算机和信息科学与工程部（CISE）主任的周以真（Jeannette M. Wing）教授，在美国计算机权威刊物 *Communications of the ACM* 上，首次提出了计算思维（Computational Thinking）的概念："计算思维是运用计算机科学的基础概念去求解问题、设计系统和理解人类的行为。它包括涵盖计算机科学之广度的一系列思维活动。"周以真教授从思维的视角阐述计算科学，并以此来探索计算机学习的教育价值。为此，周教授撰写了针对所有大学新生的讲义《计算思维》，并将其作为"怎样像计算机科学家一样思维"课程的主要教材。

计算思维这一概念一经提出，立即得到美国教育界的广泛支持，也引起了欧洲教育界的极大关注。目前，计算思维是当前国际计算机界广为关注的一个重要概念，也是当前计算机教育需要重点研究的课题。在美国，不仅有卡内基·梅隆大学的专题讨论，也有包括美国计算机协会（ACM）、美国国家计算机科学技术教师协会（CSTA）、美国数学研究所（AIM）等组织在内的众多团体的参与；计算思维还直接促成美国国家科学基金会（NSF）重大基金资助计划 CDI 的产生，CDI 计划旨在使用计算思维产生的新思想、新方法，促进美国自然科学和工程技术领域产生革命性的成果。CDI 的最终研究成果将使人们的思维模式发生转变。这种以"计算思维"为核心的转变，反映在美国国家自然科学与工程、社会经济与技术等各个学科领域。

计算思维不仅影响着美国的教育，也影响着英国的教育。在英国的爱丁堡大学，人们在一连串的研讨会上探索与计算思维有关的主题。每次研讨会上都有不少专家讨论计算思维对不同学科的影响，所涉及的学科已延伸到哲学、物理、生物、医学、建筑、教育等各个不同的领域。

3.1.2 计算思维的定义

国际上广泛认同的计算思维定义来自周以真教授。计算思维的本质是抽象和自动化。如同所有人都具备"读、写、算"（简称 3R）能力一样，计算思维也是必须具备的思维能力。为便于理解，在给出计算思维清晰定义的同时，周以真教授还对计算思维进行了更细致的阐述：

（1）计算思维是通过约简、嵌入、转化、仿真等方法，把一个困难的问题阐释为如何求解它的思维方法。

（2）计算思维是一种递归思维，是一种并行处理，是一种把代码译成数据又能把数据译成代码的方法，是一种多维分析推广的类型检查方法。

（3）计算思维是一种采用抽象和分解的方法来控制庞杂的任务或进行巨型复杂系统的设计，是基于关注点分离的方法。

（4）计算思维是一种选择合适的方式陈述一个问题，或对一个问题的相关方面建模使其易于处理的思维方法。

（5）计算思维是按照预防、保护及通过冗余、容错、纠错的方式，并从最坏情况进行系统恢复的一种思维方法。

（6）计算思维是利用启发式推理寻求解答，即在不确定情况下的规划、学习和调度的思维方法。

（7）计算思维是利用海量数据来加快计算，在时间和空间之间、在处理能力和存储容量之间进行折中的思维方法。

虽然有周以真的观点作为参照，但是人们对计算思维的理解依然存在多样性。因此，要把握计算思维的内涵，需要对既有观点进行一次全景式的扫描，以捕捉其演绎与演化的轨迹。大体来说，学界有关计算思维的认识主要有如下几种：

一是"问题解决说"。这是最早流行的观点，周以真在不同时间点对计算思维的阐述都没有脱离这一主线。2006 年，她对计算思维进行了如上界定；2008 年，她又将计算思维定义为选择恰当的抽象方法，在不同层面进行抽象并定义抽象关系，形成模型，以及选择合适的"计算机"（人或机器、虚拟或物理的设备）自动化执行抽象任务的过程；2011 年，她修正了前述描述，认为"计算思维是形式化表达问题和解决方案，使之成为能够被信息处理代理有效执行的思维过程"。"问题解决说"也因此获得众多学者和机构的认同。例如，Bill Wuff 认为，其他科学领域所关注的是物理对象，而计算思维应该聚焦的是解决问题的过程和能够抽象为过程的现象。在 2011 年国际教育技术协会（ISTE）和计算机科学教师协会（CSTA）联合制定的中小学计算思维课程框架中，也明确将计算思维定义为解决问题的一种过程。

二是"抽象说"。"问题解决说"表达了计算思维的核心功能，但是究竟如何才能利用计算机解决问题？背后的关键思维是什么？周以真认为，关键在于抽象。不过，与数学、物理等一般科学抽象相比，计算机科学中的抽象显得更为复杂和生动。例如，数学和物理中的抽象往往只有一层，而计算机科学中的抽象常常有多层，需要逐次将事物的细节性信息剥离掉，形成不同的抽象层级，并界定清楚层与层之间的联系。分层抽象之所以重要，是因为根据不同的抽象层次，进而有选择地忽视某些细节，可以很好地控制系统的复杂性。

三是"自动化说"。抽象的结果如何执行？美国学者 Robert Tinker 认为，计算思维的核心是将大的问题抽象分解成很多小的问题，直到小的问题能够自动化解决。也正是在这一点上，有人认为计算思维与数学、物理一样，都需要利用抽象来简化和控制问题复杂性。但是，与物理和数学不同，计算思维增加了控制问题复杂性的新维度——自动化。

四是"构造说"。计算思维与其他科学思维相比究竟有何不同？为了回答这个问题，中国计算机科学领域的学者倾向将计算思维理解为构造思维，这主要源自对科学思维的分类。根据石钟慈的观点，目前自然科学领域公认有三大科学方法：理论方法、实验方法与计算方法。国防科技大学朱亚宗教授认为，与三大科学方法相对应便有三大科学思维，即理论思维、实验思维与计算思维。这一观点在中国计算机科学界被广泛应用。与以推理和演绎为特征的理论思维和以观察、归纳为特征的实验思维不同，计算思维（构造思维）以设计和制作为特征。"构造"包含"构"和"造"。其中，"构"是指被研究对象各种要素之间的组合关系与框架，"造"是建造、创造，即各种要素之间的组合关系与框架的建造。可见，所谓构造思维与工程思维类似。周以真认为，计算思维是数学思维和工程思维的互补与融合，因为人们建造的是能够与实际世界互动的系统，需要在受现实条件约束的环境中思考如何设计、评估大型复杂系统，而不能只是数学性地思考。

五是"信息表达说"。计算思维只是用来求解问题的吗？有学者认为不是。美国学者 Resnick M 认为，计算思维是一种特别重要的表达形式，"编程就像写作，是一种表达方式，也是开发新的思维方式的入口"。他相信对于更多的人来说，计算思维意味着经常运用计算媒体（如 SCRATCH）表达自己的一种手段，计算的力量体现在它允许人们通过各种媒体表达和展现自己。

六是"社会计算说"。计算思维有没有社会属性？王飞跃从社会科学与计算科学交叉融合的角度，阐述了社会计算可以从两个方面来认识：一个是从计算机或更广义的信息技术在社会活动中的应用，这一角度多限于技术层面且有较长的历史；另一个是从社会知识，或更具体的人文知识在计算机或信息技术中的使用和嵌入，反过来提高社会活动的效益和水平。后者的工作近年来刚刚兴起，涉及社会、经济与工程领域的诸多重大研究问题，其核心是以人和社会为表征的建模与计算方法，从基础理论、实验手段及领域应用等各个层面突破社会科学与计算科学交叉借鉴的困难。

七是"三维目标说"。美国学者 Brennan K 和 Resnick M 从 SCRATCH 交互式媒体设计活动的特征出发，建立了计算思维的三维框架。第一个维度是计算思维概念，包括顺序、循环、事件、并行、条件、运算符、数据；第二个维度是计算思维实践，包括递增与迭代、测试与调试、抽象与模块化；第三个维度是社会性的内容，包括表达（通过创建交互性媒体表达观点和创意）、连接（交流）、质疑（理解技术）。显然，这个框架与基础教育新课程改革主张的三维目标有相似之处。

综观上述七种观点，虽然各不相同，但也各有其独特的角度。"问题解决说"是从计算思维注重过程分析和过程设计的角度（可追溯到面向过程的程序设计思想），将计算思维视作有关问题解决过程的思维，故可简称"过程思维"；"抽象说"是从科学抽象方法的角度出发，比较计算科学中的抽象与其他科学抽象的特殊性，从而将抽象视作计算思维的本质方面；"自动化说"侧重表达计算思维的技术特征，不仅体现了计算思维应具有的效率意识，还强调了在高新技术影响下的生产、生活和学习方式的变化，并由此改变了人们的思维方式；"构造说"是从人类三大思维类型的角度，揭示了构造思维有别于理论思维和实验思维等一般科学思维的特质，又可称为"工程思维";"信息表达说"则是从现代数字媒体使用的角度,认为计算思维也是一种重要的信息表达思维,而信息的表达又主要表现为可视化的多媒体信息表达,故也可以称之为"可视化思维";"社会计算说"则从社会科学与计算科学交叉的角度,强调了计算思维所具有的广泛的社会属性和社会意义,尽管其核心内容离不开抽象建模;"三维目标说"在"信息表达说"的基础上,围绕交互性媒体设计建立了一个相对完整的框架,且进一步强调了计算思维的社会属性。由此可见,计算思维首先发自计算机科学,先是用于描述计算机科学中的思想及方法,之后走向更加广阔的社会视野,逐渐演化为围绕作为主体的"人"而展开。

当前,国内比较权威的当属新版《普通高中信息技术课程标准》对计算思维的界定:计算思维是以计算机领域的学科方法界定问题、抽象特征、建立结构模型、合理组织数据,通过判断、分析与综合各种信息资源,运用合理的算法形成解决问题的方案,总结利用计算机解决问题的过程与方法,并可迁移到与之相关的其他问题解决中的一种学科思维。

因此,从主体与世界的交互关系角度出发,我们或许可以找到一个整合各类观点的框架,比如说,可以将计算思维视作三组有关联的思维结构:对象化思维和过程思维,兼具认识世界和改造世界的功能,分别指向世界的空间和时间维度;抽象思维和可视化思维,主要体现在认识世界的活动当中,分别指向世界的内在本质(内容)和外在形态(形式);工程思维和自动化思维,主要表现为改造世界的能力,分别指向改造世界的必然性和自由性。无论计算思维的内涵如何,我们至少看到了其更为本质的特征:如同数学思维一样,计算思维有一个完整的内容体系;它是普适性的,是支持其他学科发展的思维工具和方法;在此基础上,它又具有普遍的社会和生活意义,是人们赖以生存的基本思维方式之一。从中我们发现,计算机科学为社会带来的,不仅是精英取向的计算机科学与技术、因大众化信息技术普及而孕育的席卷整个社会的信息文化,还是一种特别的思维智慧——计算思维。

3.1.3 计算思维的内涵

周以真等学者的观点共同说明了计算思维是一种面向问题求解的思维方式,并且是运用"计算"的方法来求解问题的,而计算方法是自然科学领域公认的三大科学方法之一。计算思维是计算和思维的结合。从思维的视角出发,计算思维是指运用计算的科学方法进行问题求解的一种思想活动,其框架如图 3-1 所示。

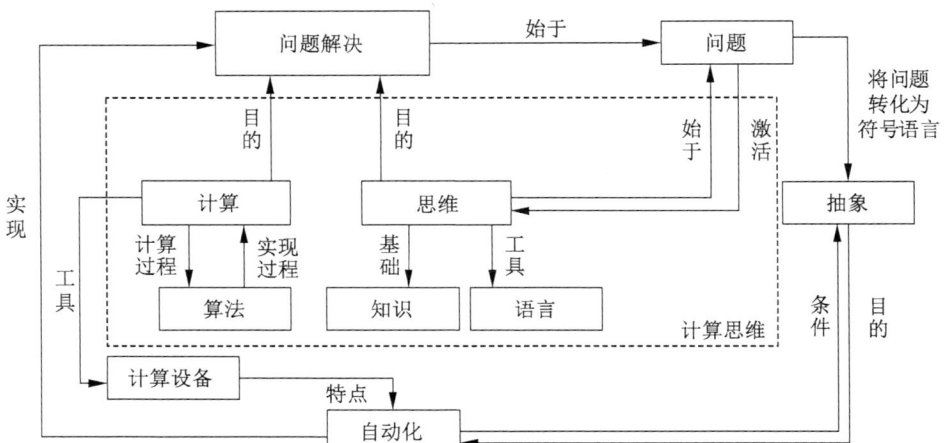

图 3-1　计算思维框架图

1. 计算

广义的计算是指对信息的加工和处理。抽象地说，计算的本质就是递归，即依据一定的法则对有关符号串的变换过程。当一个问题的描述及其求解方法或求解过程可以用构造性数学来描述时，该问题一般就可用计算机来求解。计算的目的是解决问题，而在问题求解过程中所采取的方法、思路和步骤则是算法。算法是计算机科学中的重要内容，也是程序设计的灵魂。计算是算法的具体实现，类似于前台运行的程序；而算法是计算过程的体现，更像后台执行的进程。由此可见，计算与算法是密不可分的。

2. 计算思维

计算机科学是计算的学问，计算思维描述的不仅是计算，能计算不等于有思维；计算思维是人的思维，不是程序，也不是机器的思维。计算思维包括递归、简化、抽象、分解、模拟仿真、模型设计、关注点分离等多种。计算思维既不同于以推理、演绎为特征的理论思维，也不同于以观察、归纳为特征的实验思维，而是以设计和构造为主要特征的一种特殊思维方式。

3. 计算思维的目的

计算的目的在于问题解决，而思维的目的在于问题解决和创新发现，它是运用计算的方法进行一般问题的求解、系统的设计和人类行为的理解。2011 年，美国计算机科学教师协会、国际教育技术协会在共同提出的计算思维的操作性定义中，明确指出计算思维是一种问题解决的过程，这一过程包括问题确定、数据分析、抽象表示、算法设计、方案评估、概括迁移六个环节。

3.2 计算思维培养的必要性及可行路径

3.2.1 计算思维培养的必要性

进入 21 世纪，知识更新的速度越来越快，以知识为教育目标的这一传统的教育形式已不再适应时代的需要，教育急需改弦更张，谋求为思维而教。在实际教学中我们可以发现，学生思维水平的高低，必然影响到其掌握知识的质量与速度，也必然影响到他们知识的应用水平和创造力。

如今，数字化和计算化逐渐演变成为现代社会的基本形态特征，数字技术已越来越深刻地渗透到儿童的生活和学习中来。当前教育更需要引导学生接触计算机科学，理解技术背后的知识和原理，发展学生应用信息技术解决实际问题的能力。数字素养不仅包括外在的数字化工具应用能力，也反映着内在的利用计算解决问题的思维过程。通过发展计算思维，引导学生理解技术表象背后相对一致的算法原理，提高学生对数字世界的理解能力；支持学生使用一系列的计算概念和方法处理数据，建构模型，创造现实作品，使学生不仅是工具的使用者，也成为工具的创造者。

1. 计算思维与基础知识

思维能力的高低，一定程度上取决于认识主体即人的知识结构和文化背景。思维能力的培养和发展也不能离开主体对知识的掌握而孤立地进行。从这个意义上讲，计算思维的培养必须建立在夯实"双基"的基础之上，切不可因着重培养学生的计算思维而忽视基础知识和基本技能的教学。

2. 计算思维与简单逻辑

思维是一种判断，学生需要以已有的知识为基础，通过逻辑与推理，做出正确的判断，从而形成新的知识。小学生不具备逻辑学的基础，其逻辑主要通过教学语言来实现。为了培养学生思维的严密性，教师在教学过程中应当让学生界定词语，使用具体的行为动词，进行精确的比较，运用准确的描述，让学生有效掌握运用准确的概念进行判断和推理的方法。

3.2.2 计算思维培养的可行路径

计算思维是一种运用计算概念和工具解决实际问题的过程，是一种需要系统培养、锻炼的科学思维方式，可以从方法习得、工具应用、思维迁移三个层面进行培养，并与信息技术课程融合并落实，如图 3-2 所示。

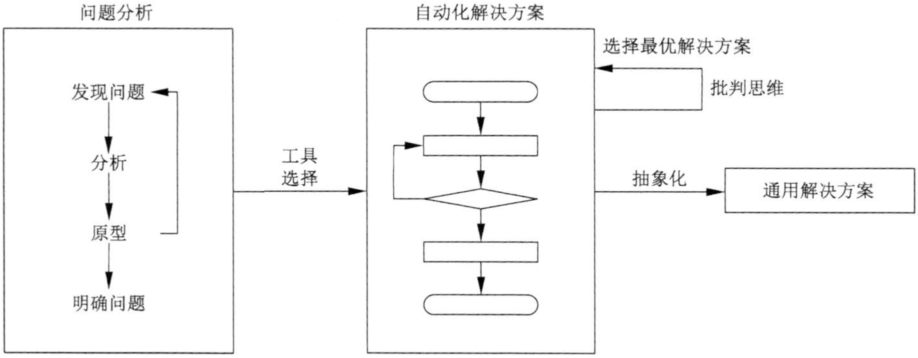

图 3-2　计算思维培养路径

其一，方法习得。信息时代，计算方法渗透到社会生产和生活的方方面面，为了帮助学生更好地理解和适应数字社会环境，信息技术课程的开设就不能只停留在肤浅的信息技能操练上，还需要帮助学生理解计算思维涵盖的一系列计算概念和方法，如递归、抽象、形式化等；引导学生识别隐藏在生活中的"计算"问题；培养学生运用算法思想高效解决问题的能力；锻炼学生使用流程图等工具清晰地表达个人思想；等等。

其二，工具应用。这里的工具是指能够有效帮助人们理解和解决问题的思维工具，而不是用于处理信息的软硬件应用程序。计算思维是一种独特的能力组合，它的强大在于运用了多种推理方式，进而可以完成很多事情的研究和开发。例如，分析问题的过程运用了设计思维，从发现问题、分析问题到原型迭代，帮助我们更加明确问题需求；解决问题的过程则主要运用了算法思维和批判思维，从而能够形成更加有效、高效的解决方案。信息技术课程应当注重培养学生综合运用多种思维工具解决问题的能力，例如，让学生参与简单的产品研发实践，体验程序设计的实施过程，直观地感受计算思维。

其三，思维迁移。在信息技术课程中不仅需要普及计算机科学概念，更需要引导学生将计算思维合理地应用于日常生活与学习，形成一种思维习惯。计算思维反映了计算机科学领域解决问题的思维过程，迁移到应用信息技术解决实际问题的情境中，主要表现为问题分析、工具选择、自动化解决方案、选择最优方案和通用解决方案。通过运用这五大要素举例分析日常生活中真实的问题情境，让学生体验使用计算思维求解问题的一般过程和方法，最终达到在实际问题中灵活地迁移和应用计算思维的目标。

3.3　计算思维的培养策略

3.3.1　基于计算思维"五要素"的培养策略

2013 年，南安普敦大学的 Cynthia Selby 博士和 John Woollard 博士在《计算机科学教育创新与技术》会议报告中提出，计算思维是一项活动，通常以产品为导向，与问题解决相关（但不限于问题解决）。它是一个认知或思维过程，能够反映人们的抽象能力、分解能力、算法能力、评估能力和概括能力，其基本特征包括思维过程、抽象和分解。他们提出，计算思维包括算法思维、分解、抽象、概括、评估五个方面的要素，如图 3-3 所示。

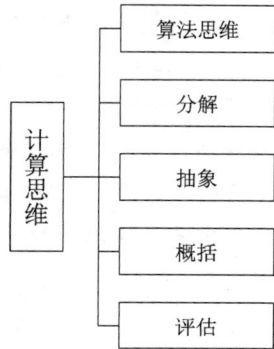

图 3-3　计算思维的五要素

该观点较为适合中小学信息技术教育。在进行中小学信息技术学科课堂教学过程的设计时，教师可以结合课堂教学内容针对计算思维的其中一种思维的培养，设计课堂某个教学环节的活动，也就是一节课仅关注计算思维的某一方面思维。教师也可以结合课堂教学内容，设计课堂整体教学活动，关注计算思维的多个方面的培养，也就是在一节课中设计计算思维的多个方面内容，如图 3-4 所示。

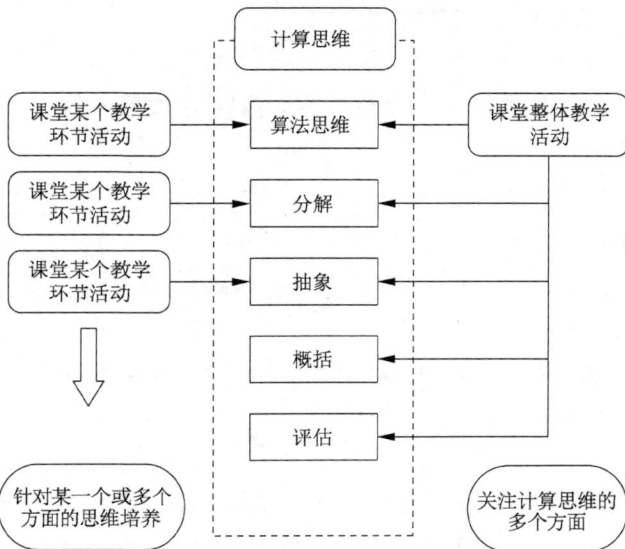

图 3-4

案 例

画正多边形

周旺纯

一、教材分析及教学思路

《画正多边形》一课为苏科版《小学信息技术》（五年级）LOGO 部分第五课。LOGO 语言是一门以锻炼学生思维能力为主题的软件，旨在把抽象的程序设计语言与直观的图形结合起来，从而培养学生的学习兴趣。本课分为两个部分，第一部分是利用重复命令来画正多边形，重点在于让学生掌握重复命令的使用方法。第二部分是利用已掌握的重复命令来画出其他规则图形，如半圆、圆。本课对学生抽象思维能力要求较高，可以采用立足寻找规律、逐步建模的教学策略帮助学生理解运用。

本课从一个游戏任务入手，为学生提供一个需要解决的生活中的具体任务，引导学生对问题求解并产生主动学习的动力；然后明确要解决的问题，将复杂问题做合理的分解，从特殊到一般，将问题转换为一个信息处理的流程并通过 Repeat 命令进行简化；再帮助学生搭建学习支架，引导其概括出画正多边形的语句基本模式，培养正确的程序设计思维方式；最后帮助学生完善和评估解决方案，让学生体验成功的喜悦。

二、计算思维培养的活动设计

（一）抽象思维培养的课堂活动

抽象是指把现实中的事物或解决问题的过程，通过化简等方式，抓住其关键特征，降低其复杂度，变为计算设备可以处理的模型，是计算思维能力培养的关键。

活动 1

师：同学们，秋风送爽，小海龟想到湖边去走一走。请打开课堂练习纸，仔细听老师的描述，把小海龟的走法用 LOGO 命令写下来。猜一猜，小湖是什么形状的？

师：前进 100 步，向右转 90°；前进 100 步，向右转 90°；前进 100 步，向右转 90°；前进 100 步，向右转 90°。

学生一边听一边书写：

FD 100	FD 100	FD 100	FD 100
RT 90	RT 90	RT 90	RT 90

在该教学过程中，教师引导学生将小海龟的行走抽象成计算机可以理

解的动作，用计算机能接受的形式符号记录我们的设计，然后运行实施，从而理解程序设计的本质。

（二）算法思维培养的课堂活动

算法是一种求解问题的思维方式，研究和学习算法能锻炼我们的思维，使我们的思维变得更加清晰和有逻辑。

活动 2

师：现在展示的就是画正四边形的命令，请大家仔细观察，它们有什么特点？有什么办法可以简化重复的命令？

生：使用 Repeat 命令。

师：有谁能把这四行重复的命令缩写成 Repeat 命令？

生：REPEAT 4［FD 100 RT 90］。

师：其中的 4 是指什么呢？中括号里又是什么呢？

生：4 指要重复的次数，中括号里是要重复的命令。

该部分内容的学习让学生领悟到，循环作为一种基本控制结构，可以帮助我们简化较为复杂的算法。此外，该算法必须是有穷的（如活动 2 中，循环次数为 4），且具有确定性（如活动 2 中，前进 100 步和右转 90°）。

（三）分解思维培养的课堂活动

分解思维是将一个大问题拆解成许多小的部分。这些小部分更容易理解，从而让问题更加容易解决。

活动 3

师：同学们能不能试着用重复命令画一个边长为 100 的正三角形呢？为了方便起见，这个正三角形在放置时一条边垂直向上（如图 1）。

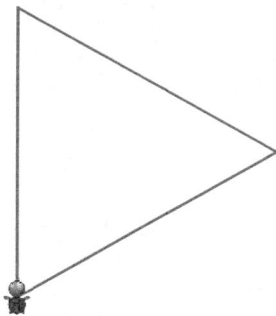

图 1

师：当小海龟走完第一条边时，需要向右旋转多少度？（有学生举手

说120°)

师：你们是怎么知道画三角形应该转角120°呢？

学生以小组形式进行充分讨论，有的用笔试写，有的直接在电脑上试画。

师生通过讨论，得出如下结论（如图2）：

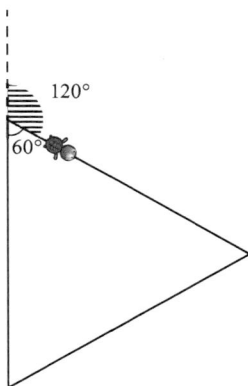

图2

没有旋转，小海龟走平角，也就是180°（会一直走下去），而正三角形的内角是60°，所以小海龟必须旋转180° − 60° = 120°，也就是 FD 100 RT 120。

师：我们再进行后续两组动作。还需要把这个语句再写两遍吗？

生：不需要，可以用 Repeat 命令。REPEAT 3 ［FD 100 RT 120］

该部分的教学活动中，学生通过分解理清每个动作，将难点进行分解并突破，从而找到解决问题的关键点。

（四）概括思维培养的课堂活动

"概括"是一种基于先前已经解决的问题快速解决新问题的方式，我们可以对解决一些特定问题的算法进行改造，使其能解决所有类似问题，然后当遇到一个新问题时，就可以应用这个通用的解决方案。

活动4

☞**步骤1**

师：正方形画完后，小海龟的头部朝向屏幕的哪里？

生：朝向屏幕的上方。

师：那你们知道小海龟一共旋转了多少度吗？你们是怎么知道的？可以讨论。

由于正方形内角都为90°，所以学生很容易得出以下结论：小海龟一共有四次相同的旋转，共旋转了 360°，那么每次旋转的角度就是 360°/4。

☞**步骤 2**

师：我们再来看三角形的画法，说说你发现了什么？（如图 3）

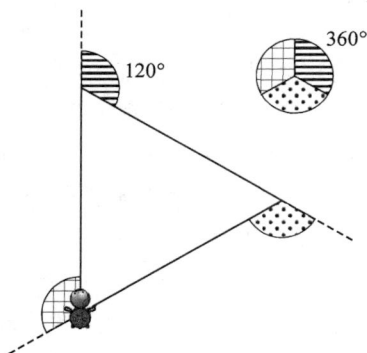

图 3

生：开始和结束时，小海龟的头也都是朝着屏幕的上方，一共也旋转了 360°。

师：对，说得很好，小海龟画完一条边转一个角度，一共转了三个相同的角度，共走了 360°，也就是说转一个角度的度数是 360°/3，那你想象一下这个"3"代表什么？

生：360°分三次完成。

☞**步骤 3**

师：那画一个正五边形是不是也有这个规律呢？（提醒写成 360°/5，而不是 72°）

学生尝试。

☞**步骤 4**

概括总结：大家在共同分析的过程中找出了这些规律，根据这些规律利用重复命令的格式就能总结出画正多边形的命令格式。

如果画六边形，应该转多少度？七边形呢？八边形呢？N 边形呢？

N 边形需要重复多少次？

REPEAT N ［FD 步长 RT 360/N］

该部分的教学内容从正多边形中的几个特例入手，建立结构模型，探索可执行的解决方案。在把问题转换为信息处理的流程、推导画正 N 边形的基本命令的过程中，教师帮助学生搭建思维的"脚手架"，提升学生的概括思维能力。

（五）评估思维培养的课堂活动

"评估"的目的是确保一个算法的解决方案是最佳方法：答案是否正确？是否方便人们使用？是否能促进合理经验的产生？需要综合考虑这些指标对算法进行整体评估。

活动5

师：今天我们通过学习，利用 LOGO 语言成功地画出了正三边形、正四边形和正五边形，这个公式是我们通过实践推导出来的，等到了中学，我们还可以用更严谨的数学方法来证明。下面我们来看一组练习，你们能利用今天学到的知识完成剩下的图形吗？（如图4）

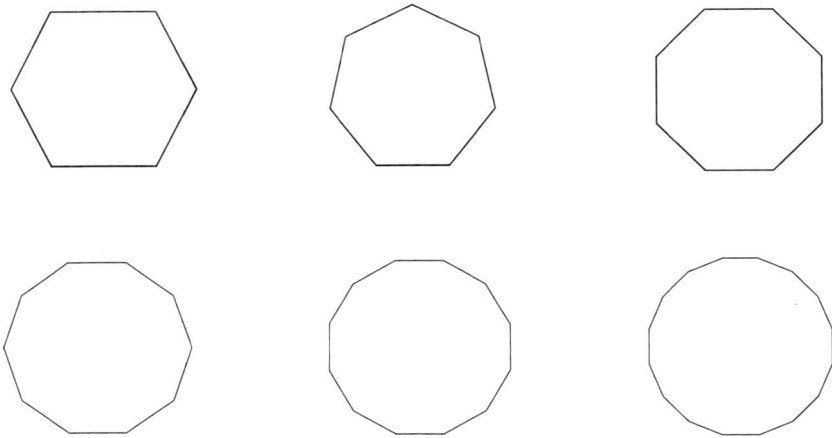

图 4

师：我们还发现，当正多边形的边数越来越多时，看起来就像
_____了。

师：其实，计算机就是用这样的办法来画圆的。多边形的边数越多，圆就越精细。当然并非边数越多越好，这样只会白白增加计算机的负担，只要满足显示效果就行。通过实验，我们发现，当正多边形超过36条边时，在我们的显示器上就看不出什么差别了！

活动6

师：老师现在又有了一个想法，如果小海龟每前进一次，不是向右转360°/36，而是向左转360°/36？结果会是什么样的呢？（如图5）

师：我们来试一试吧！注意画前不要清屏，便于比较。

REPEAT 36 [FD 20 RT 360/36]

REPEAT 36［FD 20 LT 360/36］

总结：看来 LT 是有效的。

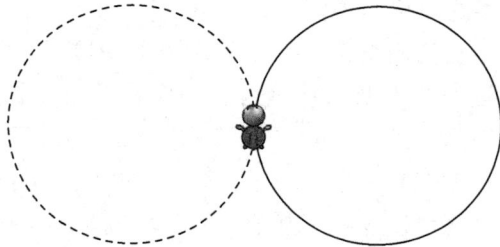

图 5

活动 7

师：我们再回到刚才的正 360 边形，小海龟前进并向右拐了 360 次，现在的图形看起来是一个正圆。你能把这个命令改造成一个半圆吗？（如图 6）

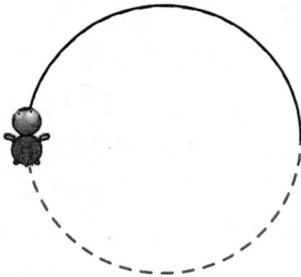

图 6

讨论得出：画半圆的 LOGO 命令为

REPEAT N/2［FD 步长 RT 或 LT 360/N］（N 足够大）

该部分的教学不仅验证了画正多边形的一般语句，而且利用变式不断完善，使建立的数学模型更严谨，更具有通用性。

（本文获江苏省第十三届"蓝天杯"小学信息技术会课一等奖）

3.3.2 基于计算思维"三维框架"的教学策略

2012 年，美国麻省理工学院（MIT）媒体实验室终身幼儿园研究小组在多年研究 SCRATCH 在线社区、SCRATCH 教师工作坊和互动媒体设计者的编程活动基础上开发了一个计算思维三维框架。它包括三个维度：计算概念（指设计者在编程时所使用的概念）、计算实践（指设计者在编程中所发展的实践）和计算观念（指设计者形成的有关他们身边世界和他们自己的观念）。这个理论框架比较通俗易懂，与我们所熟知的信息技术课程三维目标能够近似呼应，即计算概念对应知识与技能，计算实践对应过程与方法，计算观念对应情感态度与价值观。

计算概念是学生在使用编程工具（如 SCRATCH）创建互动媒体时直接频繁接触并在熟练运用中不断加深理解的一组概念，它们在可视化图块式编程工具中通常映射为一组指令块（或称代码块）。在各种 SCRATCH 编程制品中最常用的计算概念有 7 个：顺序、循环、并行、事件、条件、运算符和数据。这些计算概念可以迁移至其他编程情境或非编程情境。

计算实践关注的是学生利用编程工具创建互动媒体的学习过程和问题解决策略，它使我们从关注学生学会什么，转向去关注学生如何学习。MIT 研究人员发现学生在创建互动媒体时所投入的四组实践策略：递增和重复、测试和调试、再利用和再创作，以及抽象和模块化。

计算观念是青少年设计者在使用 SCRATCH 创建互动媒体过程中不断形成的对自己与他人关系，以及他们周围世界的理解，这是除概念、实践之外的一种有关人格塑造、思维习惯养成的学习结果，对青少年的社会认知和价值观形成有重要影响。它可以细分为三种观念：表达、联系和质疑。

MIT 的计算思维三维框架，正好对应我国中小学信息技术课程目标的三个维度：计算概念，对应信息技术课程目标的知识与技能；计算实践，对应信息技术课程目标的过程与方法；计算观念，对应信息技术课程目标的情感态度与价值观，其内含的课程理念、课程内容和教学策略为我们开发面向中小学生计算思维发展的相关课程提供了借鉴。

案 例

"画笔"的秘密

一、学情分析

本课的学习者是小学五年级学生，这个年龄段的学生的观察和比较能力较中年级有了很大的提高，分析和推理能力也得到了较大的发展，对事物的认知正逐步从具体形象思维模式向抽象逻辑思维模式过渡。学生已经学习了 LOGO 程序的编写，对程序有了一定的认识和理解，对 SCRATCH 的模块、控件、角色等也有了基本的认识，能够进行简单的脚本搭建，让角色按自己的意愿运动起来。

二、教材分析

《"画笔"的秘密》是苏科版小学信息技术五年级 SCRATCH 单元的第 5 课，本课的主要学习内容有：① 了解"画笔"模块的相关命令及使用方法；② 学习用"落笔""停笔"等命令控制角色运动的始终，用"画笔的颜色、色度、大小"配合"动作模块"和"外观模块"等绘制角色运动的轨迹。本节课的图形绘制和 LOGO 的图形绘制契合度很高，将二者进行巧妙的比较和融合，将有助于学生对程序的深度理解。

三、教学目标

"双基"层目标：了解"画笔"模块的相关命令及使用方法；能用"落笔""停笔"等命令控制角色，绘制运动轨迹；能用"图章"命令制作简易运动；理解顺序、循环计算概念。

问题解决层目标：通过对"画笔模块"的观察、分析，对 SCRATCH 和 LOGO 的绘图比较，理解不同程序间的共性，从而构建"画笔"模型，顺利绘制运动轨迹，感悟递增和重复的问题解决策略。

学科思维层目标：在程序学习中提高运算和推理能力，发展学生的逻辑思维和抽象思维。

四、教学重难点

教学重点：运用"画笔"等模块控制角色，绘制运动轨迹。

教学难点：将 LOGO 中的绘图方法、技巧迁移到 SCRATCH 的绘图中。

五、教学策略

SCRATCH 绘图中使用的控件和 LOGO 绘图中的命令相似，将已学的 LOGO 命令迁移到 SCRATCH 中，既巩固了旧知，又为新知的学习提供了良好的基础，故而"对比学习"贯穿了本节课的始终。鉴于学生对"画笔"模块和其他模块搭配使用比较陌生，为防止学生多次盲目试误无果，挫伤学习的积极性，本课主要采用了"例规教学法"，且针对范例，从研读脚本到修改脚本再到编写脚本，层层递进，给学生辅以上升的云梯，以确保理解的透彻。本节课的具体教学步骤为：交流导入，进画笔世界—分析比较，识画笔控件—范例引领，画正多边形—合作学习，绘正多角星—创建脚本，用精彩图章—思维导图，理知识脉络—拓展引领，思创作分享。

六、教学预设

(一) 交流导入，进画笔世界

谈话引导：王老师听说五（1）班的同学个个多才多艺、爱好广泛，能向王老师介绍一下你的爱好吗？（唱歌、跳舞、打球、画画⋯⋯）

忆旧分享：SCRATCH 小猫和大家一样刻苦努力，最近爱上了唱歌、跳舞、打球、画画……

揭示课题：它听说小海龟画画特别棒，想让大家带着它一起学画画，可以吗？（如图 1）

这节课就让我们一起走进 SCRATCH 的画图世界，探究"画笔"的秘密。（板书课题："画笔"的秘密）

设计意图：五年级学生的口头表达能力较强且有一定的表现欲，捕捉合适的话题能迅速拉近师生间的距离，融洽课题气氛，再让这个话题贴近课堂学习，自然地引出课题，不留痕迹地转入学习情境，起到润物细无声的效果。

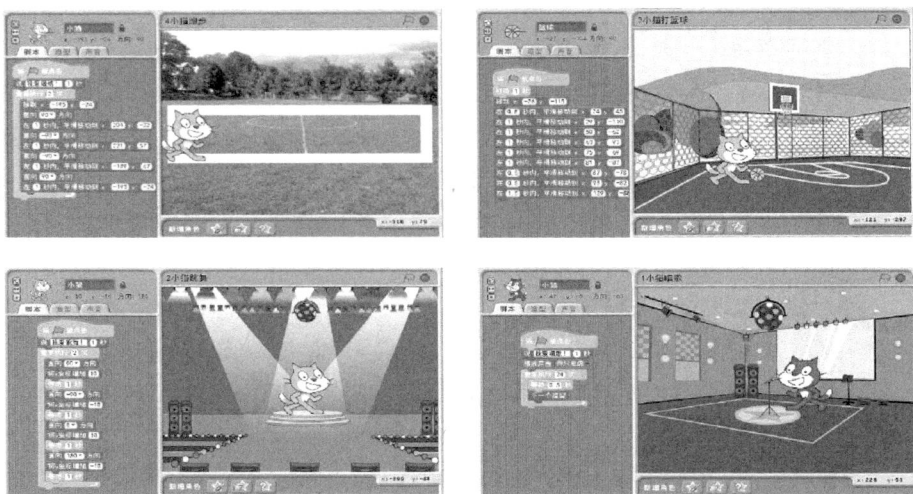

图 1

（二）分析比较，识画笔控件

活动 1　我来试脚本

（1）找一找：SCRATCH 画图肯定会用到哪个模块的控件？（画笔）还可能用到哪些模块的控件？（控制、动作、外观……）

（2）猜一猜："画笔"控件都有什么功能？它们分别与哪些 LOGO 命令对应？（清除所有画笔对应 CS 命令，落笔对应 PD，停笔对应 PU，画笔的颜色对应不同的颜色，画笔的色度对应颜色的深浅，画笔的大小对应画笔的粗细）

说明不同：CS 是清屏复位命令，而"清除所有画笔"只清屏；小海龟默认落笔状态，而小猫默认停笔状态。

一般步骤：先落笔，再设置画笔的颜色和大小等，配合动作模块，我们称之为移笔，画好后使用停笔命令（如图 2）。

注意区别：小海龟默认向上画图，而小猫默认向右画图。

（板书：落笔 - 设置画笔 - 移笔 - 停笔）

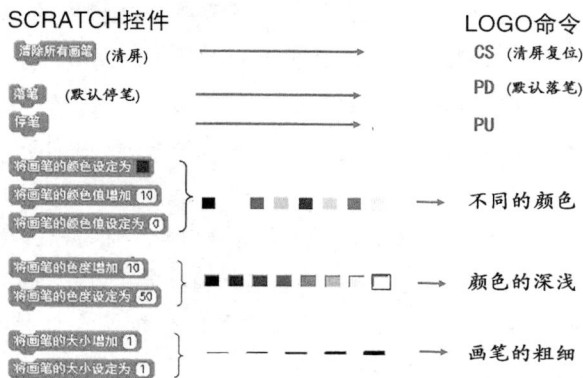

图 2

（3）试一试：选择你喜欢的颜色，设定画笔大小为 5，指挥小猫画一条步长为 100 的线段。

设计意图：提到在 SCRATCH 中画图，学生能很自然地想到"画笔"模块，而画笔模块里的控件浅显易懂，根据字面意思就能很好地与 LOGO 命令相对应，通过找一找、猜一猜、试一试，将 LOGO 编程向 SCRATCH 编程迁移，又引导学生发现程序间的共性，为以后长足的发展奠定基础。

（三）范例引领，画正多边形

过渡：小猫刚学会画线，就受到学校大队部的邀请，请它把学校的正方形跑道换个形状，迎接一年一度的"六一"文化艺术节。我们先来看看原来这个正方形跑道是怎么画出来的。

活动 2 我来读脚本

（1）读一读：读脚本，分析脚本的合理性（如图 3）。

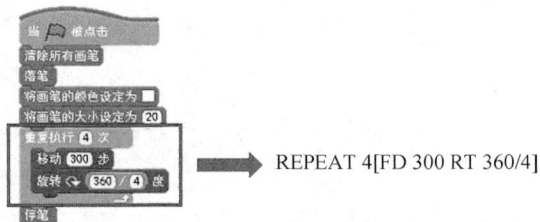

REPEAT 4[FD 300 RT 360/4]

图 3

（2）说一说：与 LOGO 对应的命令。

设计意图：阅读别人编写的脚本，是一种有效学习编程的方法。为避免学生盲目试误，给学生一个范例，师生一起深度研读，在阅读中参悟其编写的合理性，渗透到学生的思维中，再将新增加的脚本和 LOGO 程序进行对应，在迁移的同时又能加深对整个程序的理解。

活动 3 我来改脚本

引导：编程的命令是相通的，可以借助学过的 LOGO 命令指挥小猫画图。

（1）想一想：LOGO 画正五边形的命令是什么？根据这个命令怎么改成正五边形跑道呢？

（2）画一画：教师示范修改成正五边形，分析其合理性。学生修改自己喜欢的正多边形跑道（如图4）。

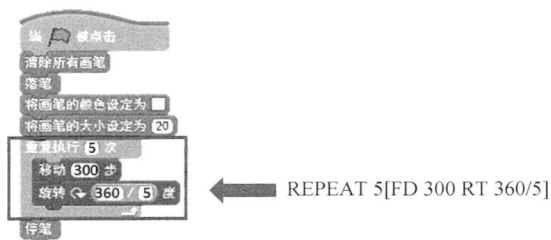

REPEAT 5[FD 300 RT 360/5]

图 4

（3）读一读：展示正多边形，阅读修改部分的脚本。

设计意图：能用 SCRATCH 程序画线，能看懂画正方形的程序，再有 LOGO 命令的迁移，此时学生跃跃欲试，给他们一个支架，尝试修改，增加了成功的概率，增强了学生学习的信心。

（四）合作学习，绘正多角星

过渡：能干的小猫画好了正多边形跑道，又被请去绘制正奇数多角星作为"六一"文化艺术节的奖品了。

活动 4 我来编脚本

合作学习要求：

（1）小组完成"合作学习单"：1 号读，2 号填，3 号编写脚本，4 号检查。

（2）独立完成自己的"个人学习单"：画多角星（如图5）。

（3）小组内互相帮助。

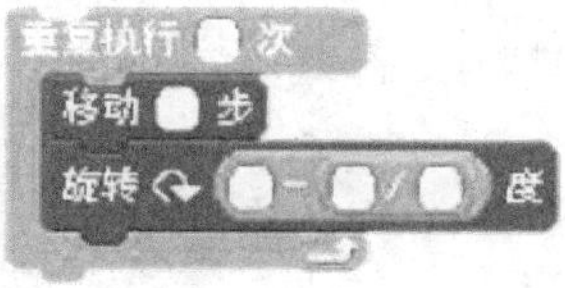

图5

提高：画好一颗星星后，可以继续创作自己的作品。

作品分享：小组内推荐出最优秀的作品展示。

设计意图：有效的合作必定离不开"分工"和"同学"，"分工"的具体合理决定了"同学"的质量，小组成员在组长的带领下人人有事做，既是对每个成员的尊重，又保证了每个成员的参与，真正参与了才有全员学习的可能，才能将合作学习落到实处。个体再学习时，可依据情况适当提高，给学有余力的学生提供施展的空间。

个人学习单

一、规划：

你打算画正＿＿＿角星，设置画笔的颜色为＿＿＿色，画笔的大小为＿＿＿。

二、思考：

画这个图形的 LOGO 命令：　　　　　　　　对应的 SCRATCH 控件：

REPEAT ＿＿＿〔FD ＿＿＿ RT ＿＿＿＿＿＿〕

（五）创建脚本，用精彩图章

过渡：小猫不仅是出色的幕后工作者，能画正多边形跑道，能绘正奇数多角星奖品，还是优秀的台上小演员呢。

观看分析：看，它给大家带来一个魔术——小猫变变变，同学们看看（如图6），它用了画笔里的什么控件？（图章）图章控件，如果再配上动作、外观模块，可以更精彩。

活动5　我来创脚本

引导创作：你能用上图章控件，让小猫表演更精彩的节目吗？

作品展示：组内小展，推荐优秀作品全班展示，分析脚本。

设计意图：给学生最基本的"图章"范例，旨在将更宽阔的创作空间留给学生，引导学生配合动作、外观模块等模块进行创作，期望学生通过观察、发现，创作出与众不同的动画。

图 6

（六）思维导图，理知识脉络

师生总结：今天我们主要认识了画笔模块，知道了画笔模块还需和其他模块配合使用，画笔的功能是控制角色绘制运动轨迹，SCRATCH 画图和 LOGO 画图有很多命令是相对应的，也就是说程序之间是相通的（如图7）。

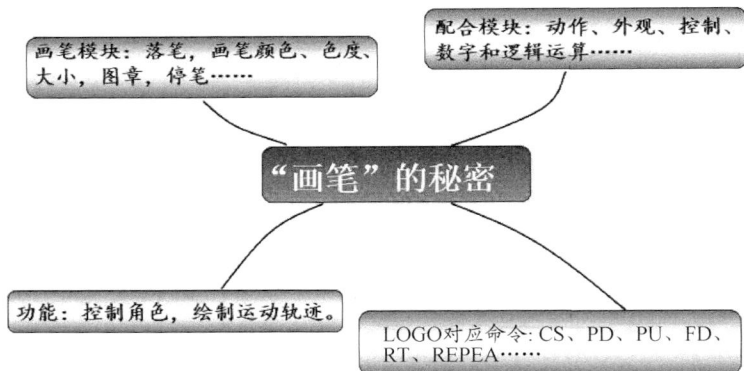

图 7

设计意图：梳理本节课的知识点，进一步清晰学生的学习历程，强调"画笔"模块是需要和其他模块配合使用的，旨在控制角色，绘制运动轨迹，明确程序之间的相通性原则。

（七）拓展引领，思创作分享

优作展示：《星星满天飞》《花儿朵朵开》（如图8）。

提示引导：如果要固定画图的位置，可以设置方向和坐标。

学习引领：SCRATCH 程序自带示例。SCRATCH 网站的优秀作品，可供我们学习，也希望在这个网站上看到大家的分享（如图9）。

设计意图：开阔学生的眼界，弥补课堂上有限时间内创作的不足，同时将课堂向课外延伸，践行 SCRATCH 学习的核心理念：想象、创作、分享。

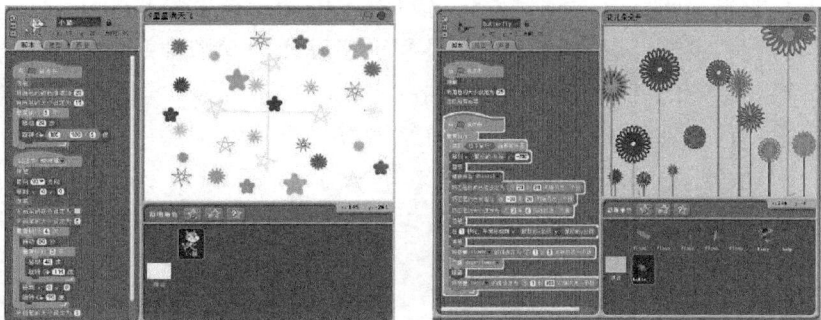

图 8

图 9

（大丰区刘庄小学　王红兰，有改动）

3.3.3　基于建构主义理论的抛锚式和支架式教学策略

建构主义学习理论认为学习是学习者在原有经验的基础上，在一定的社会文化情境中，主动对信息进行加工处理、建构知识意义的过程。其核心是：学生是知识意义的主动建构者，而不是外部信息刺激的被动接受者；教师是学生在学习过程中主动建构知识意义的帮助者，而不是知识意义的灌输者。在建构主义学习环境下，学生的知识不是通过教师传授而获得，而是在一定的情境下，借助他人的力量，利用必要的学习资料，通过意义建构的方式获得。

计算思维利用启发式推理来寻求解答，建构主义学习理论与计算思维的基本思想相吻合，用建构主义教学方法指导学生运用计算机科学的基础概念去求解问题，探索计算方法并建立模型，使学生敢于去处理那些原本无法独自完成的问题，有利于培养学生的计算思维。

计算思维使用计算机科学解决问题，计算机科学不等同于计算机编程，求解计算机编程问题有助于培养计算思维，可见计算思维与程序设计关系密切。对程序设计课程而言，除了讲授程序设计的知识外，还应注重学生问题分析与求解的能力。初学者感到程序设计课程抽象，求解算法时常常无从下手，这也正是培养学生计算思维的好机会，恰当运用建构主义教学方法，引导学生正确求解，有助于培养学生的计算思维。

抛锚式教学方法要求建立在有感染力的真实事件或真实问题的基础上，把学生生活中的情景作为设定的"锚"，确定真实事件的过程被比喻为"抛锚"。建构主义认为，知识不是通过教师传授得到的，学习是在一定的情境即社会文化背景下，通过其他人的帮助，即通过人际间的协作活动而实现的意义建构过程，学习者完成知识建构的最好办法是到真实情境中去感受。

支架式教学方法是为学生建构对知识的理解提供一种概念框架。这种概念框架是为发展学生对问题的深刻理解所必需的，建构主义者利用概念框架作为学习过程的"脚手架"，通过"脚手架"的支撑作用持续地提升学生的水平。

案例

画正多边形

一、学情分析

本课教学对象是小学五年级学生，通过三、四年级的学习，学生已具备一定的计算机操作技能，能够较熟练地使用常用软件，具有自主学习的能力。通过前一阶段时间对 SCRATCH 的学习，学生已经掌握了软件界面操作（各功能区的使用）、舞台和角色的基本操作（新建、删除、造型切换、舞台坐标等），能够为角色搭建脚本，实现动作展示。这个年龄段的学生具有很强的好奇心，愿意接受新鲜事物，喜欢与人交流和分享，这为教学内容的顺利开展提供了有力的支撑。

二、教材分析

本课教学内容选自苏科版《小学信息技术》（2018 版）五年级第 5 课《画正多边形》，属于程序设计教学模块的内容。作为以控制角色为主要手段的程序设计软件，在实现移动、旋转等常规的控制之后，能否对动作重复的操作进行简化，是我们需要考虑并解决的问题，这也是本课编排在这里的原因。

本课内容主要通过四个环节呈现：第一个环节是通过绘图步骤的分析，使用相应模块中的控件，让角色留下移动痕迹；第二个环节是通过尝试、猜测，寻找绘制正多边形的规律；第三个环节是修改脚本创作图形；第四个环节继续通过修改脚本，绘制出更多优美的图形。学好本课内容有助于学生对重复执行的控制方法的理解，进一步体验结构化程序设计思想。

三、教学目标

1. 知识与技能

掌握画笔控件的使用；掌握重复执行控件的使用；理解正多边形边数与旋转角度的关系。

2. 方法与过程

通过步骤叙述和脚本分析，让学生学会如何分析问题、解决问题，掌握使用重复执行控件绘制正多边形的方法。

3. 情感态度与价值观

通过脚本修改进行作品创作，激发学生利用 SCRATCH 进行程序设计学习的兴趣。

四、教学重点与难点

教学重点：运用画笔控件绘制正多边形。

教学难点：理解绘制正多边形的方法及拓展运用。

五、教学策略

SCRATCH 是一款图形化的程序设计软件，通过直观且易理解的可视化方式表达程序逻辑，摒弃传统的复杂代码，培养学生直观的计算思维。

程序设计教学注重培养学生的模块化设计能力和代码阅读分析能力。让角色模拟我们画图的过程，实现角色绘制基本图形。以通过运行提供的脚本为支架，帮助学生观察脚本绘制出来的图形，寻找出此类图形绘制规律，这个过程是让学生由直观认识向抽象认识转换的过程，也是程序设计中将问题转换成抽象代码的过程。由学生通过尝试运行现成的脚本所绘制出的图形，从脚本分析过程得出绘制正多边形的规律，这种把规律形象地摆在学生面前的方法，便于学生理解，降低学习难度。

基于 SCRATCH 软件的特点和学生的实际情况，以"看图猜成语"游戏为锚，通过"更换角色—绘制直线—寻找规律—灵活多变"这四个活动，每个活动设置若干个活动目标，逐步引领学生展开自主探究式的学习。

六、教学过程

（一）游戏热身，复习旧知

成语是中国传统文化的一大特色，有固定的结构形式和固定的说法，表示一定的意义。

现在我们一起来做一个游戏：看图猜成语（如图1）。

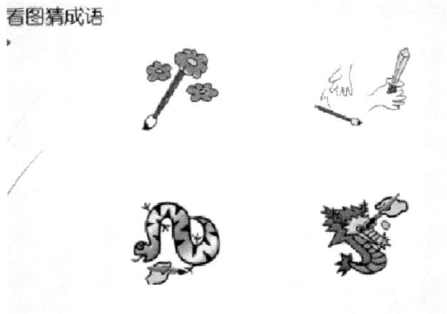

看图猜成语

图1

学生随机回答，并出示答案。

这四个成语都提到了哪种文具？（笔）

SCRATCH 默认的角色是什么？（小猫）

活动1 更换角色

活动目标：打开 SCRATCH，删除默认角色小猫，添加角色笔（pencil），保存文件，命名为"姓名.sb2"。

设计意图：通过看图猜成语这个游戏，猜出与笔有关的四个成语，为添加、删除角色作铺垫。由于本节课是画正多形，因此使用笔这个角色可以很好地展开所学知识，可以搭建出一个尽可能真实的操作环境，引导和激发学生的学习兴趣。

（二）过程叙述，尝试搭建

我们与笔已经打了几年交道，谁能告诉大家，你是怎么用笔画线的？

活动2 绘制直线

活动目标1：说一说使用笔画线的详细步骤。

步骤说明：

（1）选择笔的颜色（颜色）；

（2）将笔移到画线的起点（起点）；

（3）把笔落在纸上（落笔）；

（4）移动笔，留下笔的痕迹（移动）。

SCRATCH 为我们提供了一个画笔模块，根据画线的步骤，找一找，把需要用到的控件拖到脚本区连接起来并执行（如图2）。

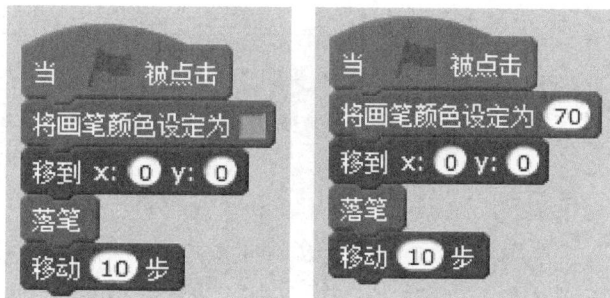

图 2

画出线来了吗？

思考：怎么修改画笔颜色？（取色、输入数值）

![将画笔颜色设定为] ：单击颜色块，当指针变成 🖐，在屏幕中单击需要的颜色。

![将画笔颜色设定为0] ：直接输入颜色对应数值。提示：0：红色，70：绿色，130：蓝色。

活动目标2：画一根长度为100，颜色为红色，粗细为15的直线。

根据活动目标2的要求，修改脚本中相应的控件和参数，并执行脚本。

设计意图：用身边事帮助学生理解具有抽象性的事物可以帮助学生理解、消化知识，同时也容易让学生接受所学知识。通过分析画线的步骤，使用相对应的控件搭建脚本，在尝试中理解控件的使用。

（三）动手观察，寻找规律

活动3　寻找规律

活动目标1：分别执行三个脚本，观察脚本的功能及它们之间的关系。

打开桌面上的"探究.sb2"文件，分别执行三个任务脚本，并填写学习单（如表1）。

小结：每个脚本最后都用到了一个重复执行的控件。

表1

脚本	重复执行次数	每次旋转角度/（°）	一共旋转的角度/（°）	图形名称
1	4	90	4 * 90 = 360	四边形
2	5	72	5 * 72 = 360	五边形

脚本	重复执行次数	每次旋转角度/（°）	一共旋转的角度/（°）	图形名称
3	6	60	6 * 60 = 360	六边形
	7	51.42……	360	
	n	$360/n$	360	

当重复执行 7 次时，每次应该旋转多少度？（除不尽）$360/7 = 51.42$……。有什么办法可以解决？在 SCRATCH 中使用 ◯Ⅰ◯ 控件，由 SCRATCH 帮我们计算。

猜一猜：当需要执行 n 次时，每次旋转多少角度？（$360/n$）

从表 1 中，我们可以发现，重复执行次数乘以每次旋转角度，恒等于 $360°$，而重复次数正好是图形的边数，每条边的长度都相等，图形首尾相接是一个封闭图形。

我们把每条边均相等、每次旋转相同角度所围成的封闭的图形称为正多边形。（板书：正多边形）

依次执行这三个脚本，图形重叠在一起。如何解决？ 清空

活动目标 2：画一根长度为 100，颜色为红色，粗细为 15 的正七边形。

继续使用"姓名.sb2"文件，修改脚本，完成活动目标要求。

学生操作，教师巡视。

小结：绘制一个正多边形时，每绘制一条边的过程都是一样的，因此在落笔的状态下，可以使用一个指定重复执行次数的控件来完成重复的过程。如果我们用好重复执行控件，一定能绘制出令人感到意外、惊喜的图形来。

设计意图：让学生先执行脚本，再分析脚本，可以降低学生对脚本的恐惧，同时可以让学生感性地认识脚本中控件的作用。

（四）发挥想象，巩固知识

活动 4　灵活多变

修改正七边形的脚本，实现如图 3 中图形的绘制。

（每条边的颜色不同）（粗细不变，颜色变化）（粗细变大，颜色变化）

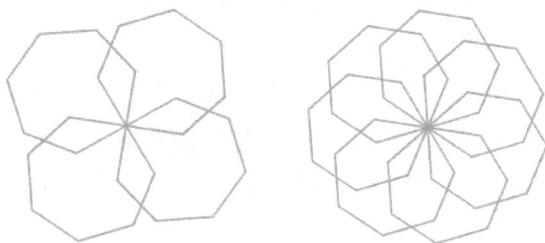

图3

根据图形的变化，合理地选择控件及数值。

同学们自由选择活动难度，看看谁完成得更好。

学生操作，老师巡视指导。

作品展示，评价总结。

设计意图：利用修改脚本的过程，让学生绘制更多的图形，使他们感觉到脚本功能的强大。学生的思维是活跃的，在创作的过程中，他们不会停留在简单的识记和模仿的层次，只要我们为他们提供好创作平台，一定会挖掘出他们的设计和创新能力。作品展示环节是对学生的一种肯定和赞扬，让他们体验成功的喜悦，也是学生思维碰撞的过程，让孩子们看到别人作品中的闪光点，得到一次扬长避短的机会。

（五）归纳总结，提炼升华

通过今天的学习，同学们有哪些收获？

这节课我们学会了用画笔控件画正多边形（板书：画），创作出了我们自己的作品。

设计意图：让学生谈收获能使学生加深本节课所学内容，同时提醒他们本节课的内容重点。

（大丰区幸福路小学　钮洪斌）

3.3.4　基于计算参与的计算思维培养策略

2012 年，美国宾夕法尼亚大学教育研究生院的 Yasmin B. Kafai 教授将近年来美国中小学鼓励创建和分享编程制品的程序设计教学实践归纳为"社会化转向"趋势，并指出以"社会化转向"为特征的计算参与是培养学生计算思维的新范型。程序设计教学的"社会化转向"趋势具体表现为在学习编写代码的领域中从明显地以个人为中心和面向工具的方法转向基于创建和分享数字媒体并明显具有社会化和文化性倾向的方法。它可以从三个维度来描述：① 从编写代码到创建应用；② 从设计工具到促进社区；③ 从"白手起家"到再创作他人成果。这三个转向表明当下美国正在从编程制品、社区和再创作三个维度来振兴中小学程序设计教学和扩大学生投入计算的参与面。以"社会化转向"为特征的计算参与是培养学生计算思维的过程性方案和模式，它将引领我们从计算思维的静态观走向计算思维的动态观。

计算参与从编程制品、社区和再创作三个维度诠释了培养学生计算思维的新观点。它为我们有效创设中小学程序设计教学的学习环境、促进学生计算思维的培养提供了有益的启示。

（1）鼓励学生创建融入社会意义、文化内涵和富有个性的编程制品。利用可视化编程工具创建融入社会意义、文化内涵和富有个性的编程制品是中小学生学习编程、提升计算思维的重要途径，学生可以以技术"生产者"的角色来设计和制作满足自身或他人需求的、类型多样的编程制品（如益智类游戏、祝福贺卡、科学侦测等），以达到愉悦心情、享受生活、交流情感的目的。从中学习相关的计算思维概念（如顺序、循环、并行、事件、分支条件、数据、运算符），经历系统设计与创作的实践过程与方法（如产生想法、程序开发、测试与调试、听取用户反馈）。

（2）鼓励学生在使用、修改和创作的过程中学习编程。基于计算参与的"再创作"策略，我们应该鼓励中小学生从使用、摆弄他人的编程制品开始学习编程，通过修改（或再创作）他人编程制品来学习利用编程解决问题的独特思路与精妙方法，从而为高水平的原创性设计与创作打下基础。因此，使用—修改—创作是培养学生计算思维的有效策略。目前，国内不少信息技术教师提出了类似的教学策略："范例研习—模仿设计—自由创作"。

（3）搭建促进互动的展示、评价和交流平台计算思维的培养不是单纯关注编程工具的使用，而是要将编程工具的使用与支撑工具使用、作品分享的编程社区整合起来，把编程工具使用中所关注的用来思考的对象转为参与编程社区过程中可以与他人共享的对象。因此，我们应该搭建有助于编程新手之间互动的平台，如类似社交网络的在线社区，为编程新手建构富含学习资源、支持分享和参与的学习环境，促进编程制品的展示、评价和交流，同时培育相互依赖、相互支持的编程爱好者共同体。

以学生个体为中心且注重使用编程工具是国内中小学程序设计教学的传统方式。如今，在以"社会化转向"为特征的计算参与理念与实践下，中小学程序设计教学将越来越多地采用具有社会化和文化性倾向的方法，并依托编程工具和在线社区鼓励编程制品的创建和分享，在这个过程中培养学生的计算思维。

案例

基于脚本解构的 SCRATCH 教学
周旺纯

一、问题提出

SCRATCH 程序是美国麻省理工学院开发的一套开源程序，它不需要像传统编程软件那样逐行地"敲"代码，而是通过拖拽已定义好的程序模块，采用搭积木的方式快速实现程序的编写，让孩子充分体验到创作的乐趣。采用 SCRATCH 开展程序设计教学有如下特点：

界面直观，趣味性强。SCRATCH 提供了在颇似视频编辑器的界面舞台，可以任意添加、编辑和拖拽角色及背景，加上丰富多彩的角色库及背景库，哪怕只是最简单的选择和摆布，也可以设计出生动有趣的动画场景，一下子就抓住了儿童的眼睛。

入门简单，操作性强。SCRATCH 采用了图形化编程，学生只需动动鼠标就可以进行编辑，控件的上下组合可以清晰地表现程序的流程。SCRATCH 的修改也很简单，无论是舞台上的角色，还是脚本区内的脚本，都可以轻松地增减和调整。

功能强大，创造力强。SCRATCH 不仅可以控制舞台上演员的活动，还可以建立复杂多媒体作品，包含图像、声音、动画、视频等。SCRATCH 可以对多种事件进行响应，对颜色、视频及多种外设进行侦测。此外，SCRATCH 还可应用于机器人控制、物联网设计等。

正因为 SCRATCH 有如此多的优点，所以现已较为广泛地应用在小学编程学习之中。例如，江苏省中小学教学研究室编著的教材《小学信息技术》(2018 版) 中，SCRATCH 已完全替代了 LOGO 语言，成为"算法与程序设计"模块最重要的教学工具。

然而教学实践中我们也发现，利用 SCRATCH 开展程序设计教学，易进入如下误区：

重舞台规划，轻脚本选择。学生易关注于绚丽的画面和环境创设，将较多的时间用于背景的设计和角色的选择，对动画背后的脚本设计却失去了应有的兴趣。

重控件应用，轻程序分析。学生易满足于采用简单的控件（如循环控制、随机侦测等）实现舞台上角色的频繁动作和跑位，对背后渗透的算法关注不够。

重片断编写，轻系统设计。易满足于动画设计的达成，教学环节设计过于简单，未进行系统分析，缺少必要的桥梁和支架。

为解决以上问题，我们尝试改变通常的"部分—整体"式教学方法，让学生不再只是单纯绘制角色、编写脚本，而是让"设计功能完整的应用程序"成为他们学习 SCRATCH 的重要任务。在实践中，我们适时采用基于脚本"解构—建构"的方法开展 SCRATCH 教学（以下简称"解构式教学"），取得了较为理想的效果。

二、模式分析

解构，类似于软件的逆向工程，其根本目的和方法即是"程序理解"。在解构式教学中，学生对整体的把握、对部分的理解都不是被告知的结果，而是学生自己探究或探索所获，凸显了学生作为主要的行为主体的现实存在。在实践中，我们探索出基于脚本解构的学习路径：整体感知—程序分解—脚本阅读—功能增改—学习创作，让学生在实践创作中学习 SCRATCH。该学习路径具有以下特点：

1. 有利于提高学生的学习兴趣

在 SCRATCH 的入门环节中，一般都是初步了解 SCRATCH 的主要界面和功能，编写基础的脚本。在这一阶段，由于内容新颖、难度较小，所以学生的学习兴趣较为浓厚。但是随着学习的深入，任务难度不断加深，学生逐渐有了畏难和厌倦情绪。此时，适时引入一个成功的 SCRATCH 作品，让学生的学习目标更明确，学习过程更生动、直观，可以提高学生的学习兴趣。

2. 有利于学生对程序进行整体把握

SCRATCH 脚本设置并不难，难的是对动画（或是脚本）进行整体设计。在解构式教学中，学生学习活动的起点是整体，终点也是整体。这避免了学习任务的分割化或碎片化，让学生对程序的整体架构了然于心。

3. 有助于利用学生的已有经验

在 SCRATCH 部分的教学中，学生并非一定是零起点，往往是建立在对 SCRATCH 的基础控件、基本流程掌握的基础之上的。通过脚本解构，学生又回到了熟悉的基础知识和基本技能的应用和操作之中，懂得了如何用和何时用，提升了学习效果。

4．有助于聚焦中心学习内容

SCRATCH 的解构式教学，核心在于脚本的阅读和修改，而该部分的内容总是针对本课的教学重点和难点进行设计，有利于学生抓住重点内容进行实践，提高学习效率。

5．可灵活调整学习的难易度

在解构式教学中，可根据学生的能力、兴趣等进行针对性的调整，设计不同的学习方案和创作要求，必要时还可以提供支架，让所有的学生都能获得整体感知，完成必要的学习任务。

三、实践范例

"吃豆子游戏"是苏教版《小学信息技术》五年级第 8 课，属于模块 2 "算法与程序设计"的内容。本课的重难点是运用按键控制结合侦测与随机函数控件创作游戏。教材将教学内容分为三部分，第一部分是理解"面向……方向"控件含义，会判断角色朝向与角度的关系，学会使用方向键控制角色；第二部分是运用侦测控件完成吃豆人脚本设计；第三部分是用随机函数让豆子出现在舞台上的任意位置。在教学中还可以适当安排创新环节，让学生根据自己的思考，继续对程序进行开发。

（一）整体感知

与传统教学模式不同，解构式教学法立足于整体，关注学生是否能够把握整个作品的意义，理解作品"为何而做"，从而渗透"自顶而下，逐步求精"的程序设计思想。

教学片断：

老师给同学们带来一款游戏叫吃豆子，请同学们带着问题玩一玩。边玩边思考：如何控制吃豆人移动？豆子出现的位置有什么规律？（用左移键控制吃豆人向左移动，用右移键控制吃豆人向右移动。豆子从舞台上方随机位置出现，直线下落，碰到吃豆人后消失）

设计意图：通过初步体验游戏，让学生感受按钮响应这种交互方式，了解角色的动作与游戏内容，为深入研究建立基础，便于学生对脚本、控件进行形象化的解读。

（二）程序分解

程序分解就是将完整的脚本进行拆解，目的是分块理解，降低学习的难度。程序分解可从三个方面入手：一是按程序功能，将结构化程序按功能分成若干个小程序模块，阅读每个小模块相对独立的功能；二是按循环体，将循环结构解构为循环变量、终止条件和循环体等部分分别理解；三是按分支，先理解双分支，再理解多分支，最后阅读嵌套的分支，必要时画出流程图，便于学生理解。

教学片断：

活动 1

研读范例程序，认识实现角色指定运动方向的关键控件。

活动 2

拆分舞台上方任意位置落豆子的动画，从局部优化游戏。

设计意图：这两个部分的教学活动，分别让学生聚集于用方向键控制角色的运动，以及角色的运动与响应。活动的分解降低了学习的难度，使学习活动更具有针对性。

（三）脚本阅读

脚本阅读，其目的是训练学生学习读懂程序，了解控件的功能和参数设置，掌握程序的设计思想、方法和技巧，为下一步应用阶段的设计提供过渡桥梁和台阶。在阅读中要让学生掌握每一个控件的执行过程，正确掌握变量的变化。还可通过参数的多次尝试修改强化关键控件的理解。

教学片断：

活动 3

（1）打开桌面上的"game. sb2"文件，自读脚本，找出"吃豆人左右移动"对应的脚本模块。游戏中还常用什么键控制左右移动呢？尝试修改脚本看能否实现功能。

（2）在刚才的脚本中，"当按下……键"有什么作用？尝试修改为其他方向。

活动 4

（1）找出三种动画效果分别对应的脚本（出现、下落、消失）。

（2）控件"将 y 坐标增加 −2"的作用是什么？

设计意图：让学生在删除、修改控件的过程中实现不同的动画效果，从而深入了解控件使用方法。

（四）功能增改

通过研讨脚本，然后模仿修改或编写脚本，可以让学生了解 SCRATCH 的基本控制结构，不同角色间信息传递的规律，更为深刻地理解程序各部分的功能和实现，为以后的熟练运用和创作提升打下基础。

教学片断：

活动 5

模仿左右移动模块脚本，实现吃豆人上下移动。

过渡：我们已经掌握了这两种控件的使用方法。怎样修改这两个控件的参数，才能实现吃豆人上下移动呢（如表 1）？

表 1

移动方向	向左移动	向右移动	向上移动	向下移动
当按下……键 面向……方向 移动 [10] 步				

请学生演示为吃豆人添加上下移动脚本，展示后，师生交流：

（1）你模仿了哪些脚本模块来实现吃豆人上下移动的呢？

（2）"当按下……键"与"面向……方向"控件之间有什么关系？

活动 6

修改豆子下落模块控件中的参数，改变游戏的难易程度（如表 2）。

表 2

控件	要求	动画效果
将 y 坐标增加 [-2]	修改速度：例如， 将 y 坐标增加 [在 [-10] 到 [-1] 将随机选一个数]	豆子以 [-10，-1] 之间的任意速度下落

小结：当遇到复杂脚本时，我们可以将其拆分。通过分析、修改局部脚本中的关键控件，实现局部动画，进而组合出整体动画。调整随机函数的参数范围，也可使游戏变得更有趣。

设计意图：本环节将组合模块拆分，引导学生尝试反复修改，实现不同的动画效果，从而深入了解控件的使用方法。

（五）学习创作

解构式教学起于整体，而又终于整体，目的是在学生深刻理解各功能模块的基础上进行重构和创新，从而对所学习的内容有更为深刻的认识。该环节应鼓励学生大胆想象，创作出更加精美的作品，让学生在实践中获取灵感，体验成功，获得创新的乐趣。

教学片断：

同学们，我们已经了解了吃豆子游戏是如何设计的。结合今天所学控件，你还有哪些好主意让游戏变得更有趣？请跟你的组员边讨论边完成导学单。

活动7

利用所学，合理创编。

（1）打开桌面的"素材包"，结合吃豆子游戏合理想象。运用所学控件，通过改变角色造型、动画效果、舞台背景、交互响应方式，在本课剩余的时间内，设计自己的吃豆子游戏（如图1）。

```
                    游  戏
  舞      台：□星空  □田野  □水中  □沙漠  □_____
  角      色：□吃豆人  □豆子  □猫  □鼠  □鱼  □_____
  动画效果：_____
  控制方式：□用____键控制_____    □用____键控制_____
            □点击绿旗控制_____    □点击角色控制_____
  其      他：_____
```

图1

（2）自由创作。

（3）同桌互玩。

设计意图：通过学生创造性的思维想象，创作个性化作品，既体现了团队合作的意识，又充分地调动了每个学生的学习积极性，让不同水平的学生都能在游戏创作中体验快乐，获得成功，实现最大价值的发展。

四、注意问题

解构式教学在SCRATCH部分的教学并非一种万能教学模式，在教学选择上应注意如下几点：

解构的目的是理解和创新，不能为解构而解构。解构式教学强调在拆解剖析之后进行重构，重构不等于或不限于简单的原貌呈现，应是在借鉴参考基础上的创新。

用于学习并解构的程序应具有一定的典型性，其一定是与本课教学目标和教学重难点紧密契合的，应该是能够直接训练学生学习程序设计能力的典型脚本，应该包含一定的设计思想、方法和技巧。

解构式教学应与 SCRATCH 学习内容相吻合，在学生已经初步掌握 SCRATCH 的基本操作和常用控件、有设计和编写完整应用程序的需求的基础之上进行。该教学方法也不可滥用，尤其是单元学习的最后阶段，以免限制学生的创新思维，应鼓励学生采用不同的设计方法和算法来实现需要完成的作品。

（《中国信息技术教育》2019.6）

3.3.5　以问题为中心的计算思维培养策略

问题导向学习的理论基础起源于认知心理学，认知心理学强调学生的主动性，学生必须了解自己要学习什么，如何去学习，以及学生已经掌握的知识与新知识发生关联，才能成功地内化新知识。问题导向学习以问题为学习的起点，偏重小组学习，学习过程以对话为主，注重学生的主动性。

以知识为中心的教学模式通常由教师控制教学知识点讲解，没有充分发挥学生的学习主动性，从以"知识为中心"的教学模式转变为"问题导向"的教学模式，将问题贯穿于整个教学过程，使学生运用所学知识和已有经验寻找问题、分析问题、解决问题，能够让学生积极主动思考，建构知识体系，提高计算思维能力。计算机课程具有很强的实践性，更适合采用发现问题、分析问题、解决问题的思路进行教学，因此以问题为中心的教学模式能够培养学生的问题意识，是培养学生形成计算思维的重要手段。

以问题为中心组织课程内容，应采用分治的思想，把每门课程需要讲授的知识体系分解为多个知识单元和知识点，明确每一堂课的讲解内容和授课方式，对于每一个知识点设计合理的问题，继续细化问题分解，将与问题相关的知识点渗透进教学的每个环节，并明确针对一个具体问题计算思维的形成过程，根据增强抽象思维能力的需要，增设课程中没有的教学内容，以计算思维能力培养为核心改进计算机课程体系和教学内容的研究。通过课堂讲授发现问题、分析问题并逐步解决问题，循序渐进，构建一个基于计算思维的教学体系。

在传统的知识传授方式下，学生虽然掌握了知识点，但是不会分析实际的应用场景，不能及时有效地将所学知识关联进具体的场景，即缺乏发现问题的能力。而问题导向学习是在学生学习新知识之前提出问题，通过问题驱动学生学习。问题的提出便于学生在识别知识的应用场景后自由提取相关知识，并发现解决问题所需要的新知识，进而产生获取新知识的积极主动性。分析知识的应用场景能使学生将已经掌握的知识与将要学习的知识在解决问题的过程中进行关联，建立起自己的知识结构，有利于分析其他相关应用场景，发现并提出与知识相关的问题。发现问题能够激发学生的学习主动性，增强发散性思维和创新能力，拓宽解决问题的途径，有助于形成计算思维。

在课堂讲授重要的知识点之后，为了检验学生对相关知识的掌握程度，后续授课时，教师可在讲解或课件中故意制造一些知识点的错误引起学生思考。在多次发现错误训练之后，学生通常会在下课后或课堂上提出课件中的错误，然后师生共同讨论解决方案。授课中错误的出现可引发学生的兴趣，带动学生进一步思考如何改正错误，他们能够运用已经掌握的知识提出解决方案。学生给出的解决方案有时候甚至比我们事先准备好的标准解决方案更加简单有效。

案例

我的 SCRATCH 画图程序

一、设计思想

《江苏省义务教育信息技术课程指导纲要》注重培养学生的信息素养，根据学生的认知水平与发展需求，适时引入程序设计的思想。本课结合生活中的"画图"程序，进行基于 SCRATCH 的编程，让学生加深理解运用信息技术处理和解决问题的方法。采用类似"软件设计"的编程教学方式，引导学生把学到的知识与技能应用到设计有意义的"真实"的应用程序，学生不再只是编写代码，而是设计功能完整的程序，真正实现技术学习与创意设计、日常生活的有机统一。

二、内容分析

《我的 SCRATCH 画图程序》是苏科版《小学信息技术》四年级 SCRATCH 单元的拓展内容。在本课之前，教材中已经介绍了一些 SCRATCH 的基本知识，如背景、角色、脚本、交互等，并着重讲解了动作、外观、画笔、控制等模块指令。

画图程序是深受小学生喜爱的软件，其功能具体直观，操作简便。用 SCRATCH 创作画图程序，设计制作难度不是太高，只需要基本的指令模块，如控制、侦测、画笔、动作、外观等，不同兴趣和学习风格的学生都能参与进来。画图程序的执行结果是直观可视的，比纯文本输出更接近学生的生活经验。

本课的教学内容有三个，一是深入理解脚本中各个指令间的逻辑关系，二是运用广播与接收的方式实现不同角色之间的互动，三是根据设计的功能，确定角色的动作并编写对应的脚本模块。"用鼠标画线"是对之前所学"跟随鼠标移动"和"'画笔'的秘密"知识点的整合，本课的重点是将设想的动作转化为有序的指令脚本；广播与接收的互动方式是对《编排节目顺序》一课的拓展，本节课的定位是实现多个角色广播不同消息，一个角色接收不同的消息执行对应的动作；SCRATCH 中角色动作即面向对象编程中的事件，"画图"程序中根据不同的功能有多个不同的事件，每个事件对应一个脚本模块，这些脚本模块其实就是之前学生已掌握的小程序。因此本课实质是对前面所学知识的综合应用，整个过程中学生能更好地理解和熟练运用包括分支、循环、事件等在内的多个计算思维概念，感悟模块化程序设计的思想，并不断提升系统思考和创意思维能力。

正确地实现不同角色之间的互动方式是本课的重点和难点，只有解决了这个难点，学生才能为画图程序添加更多的功能，将学到的知识与技能应用到实际问题的解决中。在创作过程中学生会接触到艺术、数学、科学等领域的学科知识，使学习变得更加有趣、更加有意义。

三、学情分析

本课的教学对象是小学四年级学生，这个年龄段的孩子生性活泼、好奇心强，都喜欢上网和玩游戏；观察、分析能力比低年级有了较大的提高，对事物的认知正逐步从具体操作的思维模式进化到更正式、抽象的逻辑思维模式。

学生通过本学期 SCRATCH 的学习已经掌握了基本的操作，对动作模块、外观模块、画笔模块等有了比较深入的认识。他们觉得利用 SCRATCH 进行程序设计相当有趣，喜欢创建游戏、动画等作品，常常是脑海里有一个想法，根据这个想法创造出一个东西，对这个东西加以把玩与实验，与朋友分享、讨论，得到反馈，然后反思，产生新的想法。

从实际教学中发现，学生虽然接触过广播与接收的消息传递方式，但远未能灵活应用于多个角色的互动。虽然 SCRATCH 软件已将传统的编写代码改成由拖拽堆叠指令后再设定参数的方式，有效地克服了语法学习的障碍，学生可以将注意力集中在程序的逻辑与解题的思维上，但是一部分学生程序设计中的逻辑思维意识还不强，不能很好地将内心的思维具体转化成程序内容，具体表现在对于指令积木的堆叠顺序常感困惑等，经常因此遇到瓶颈而停滞，从而影响创作进度。

四、教学手段和策略

在本节课的教学中，采用建构主义理论指导下的类似"软件设计"的编程教学方式，设计"用 SCRATCH 制作画图程序"这一任务来贯穿整节课。学生在"体验—修改—创作—分享—再创作"的活动中用 SCRATCH 软件设计和制作满足自身或他人需求的画图程序，经历系统设计与创作的实践过程，在做中学，在学中思，在思中用。

体验程序环节，指导学生深入研习范例，掌握阅读 SCRATCH 程序的方法，自主发现程序功能、角色、动作、脚本之间的关系，侧重于让学生去发现问题，提炼出动作脚本中各个指令间的逻辑关系，引导有序思维，实现自然语言向计算机语言的过渡。修改程序环节，结合范例进行模仿设计的活动，精心设计"模仿现有色块，增加红颜色"的支架，引导学生分析现有色块脚本之间的相同之处，发现不同角色之间实现信息传递的方式与规律，进而掌握用广播与接收的方法，实现角色之间的互动。在此基础上，模仿设计橡皮擦，结合生活实际，启发学生能根据不同的需求进行多次测试和修改；创作程序环节，让学生尝试各种变化，比如改变各个角色的造型、增加软件的功能、角色的数量，并赋予角色各不相同的动作，以设计出全新的画图程序，体现出"将该问题的求解过程进行推广并移植到更广泛的应用中"的计算思维的培养目标。

五、教学目标

1. 知识与技能

通过体验范例程序，感知角色的不同动作分别对应脚本模块，并能理解脚本中各个指令间的逻辑关系。

在模仿设计的过程中，掌握运用广播与接收的方式实现角色之间信息的传递，能实现不同角色之间的互动。

合理想象并设计画图的功能，并能够熟练选择相应的指令搭建脚本实现相应功能。

2. 过程与方法

学会分析范例程序，并理清程序功能、角色、动作、脚本之间的关系。

结合生活实际，能根据不同的需求对程序进行多次测试和修改。

3. 情感态度与价值观

通过作品的设计与创作，体验程序设计的思想，培养学生解决问题的能力，并移植到更广泛的应用中。

六、教学重难点

重点：掌握运用广播与接收的方式实现角色之间信息的传递，能实现不同角色之间的互动。

难点：感知角色的不同动作分别对应脚本模块，并能理解脚本中各个指令间的逻辑关系。

七、教学过程

（一）谈话导入，揭示课题

通过课前了解，老师知道同学们本学期一直在学习 SCRATCH，已经能用 SCRATCH 制作有意思的小程序了。还记得我们刚接触电脑时，你们最爱玩什么呢？（纸牌游戏、画图……）

那时的你们一定非常喜欢这些程序，觉得很有意思吧。对程序的制作者怀着一种怎样的感情呢？（了不起、敬佩、感激……）有没有想过学习盖茨，自己做一个画图程序让别人玩一玩、用一用？

今天，咱们就一起试着用 SCRATCH 制作"我的画图程序"。（板书揭题：我的 SCRATCH 画图程序）

设计意图：通过谈话引导学生回忆使用电脑绘画等软件的经历和感受，在调动学生已有经验的基础上，进行更深入的交流，并顺势激发出学生编写画图程序的愿望，使得孩子们对程序初步有直观的、整体的印象，明确本课的学习目标。

（二）体验程序，研习范例

活动1　学习范例程序

出示学生 SCRATCH 作品范例——"画一画"程序（如图1）。

图1

1. 体验操作，了解功能

学生操作"画一画"程序，并思考：

（1）有哪些功能、角色？（功能：画线、切换颜色……；角色：画笔工具、铅笔、色块）

（2）其中哪个角色较为重要？（画笔工具）

2. 观察程序，认识模块

观察"画笔工具"角色的主要动作，分析角色的脚本，将动作和对应脚本模块用直线相连（如图2）。

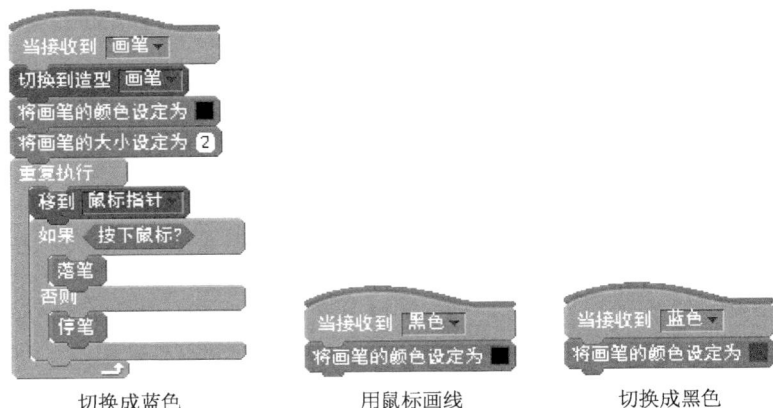

切换成蓝色　　　　　　用鼠标画线　　　　　切换成黑色

图2

指定学生汇报：将动作与脚本模块相连的依据；理解每个模块的作用，体会程序设计中将一个动作对应编写一个脚本模块的长处。

3. 理解脚本，理清关系

小组活动：两人一组，首先观察脚本中的指令，思考每一个指令的作用。然后一人负责现有范例程序不变；另一人逐条删除相应指令，比较、分析每一个指令的作用并完成学习记录表（如表1）第一项。

表1

指令	作用

续表

指令	作用

结合记录表汇报学习成果。

小结："判断"指令和"侦测"指令组合可以实现画线，"重复执行"指令可以保持一直画线。

过程复述：要联系已掌握的方法，多做尝试、多做比较。小组内相互将画线的动作准确表述给对方，使其能听懂。

拓展：能将"SCRATCH 脚本的表达"与"语言的表达"相联系，初步感受到"指令"也是一种规范化的语言。

设计意图：通过初次体验范例程序，交流"画一画"的功能，分析需要在 SCRATCH 软件中创建的角色，并进一步明确主要角色，使得学生对自己将要创作的画图软件有更清晰的目标定位，能够从应用、体验的角度思考和规划。在已有直观印象的基础上，再次运行范例程序，分析主要角色的动作，找出对应的脚本模块，领会模块化编程的思想。这样逐步深入、螺旋上升，学生对模块化编程的理解将越来越清晰。第三次组织学生运行范例程序，分析画线动作的脚本，与前两次不同，这一次预想通过小组对比分析，让学生能理解每个指令的作用。在这样的分析、尝试、复述、操作等过程中，锻炼培养了学生阅读可视化编程脚本的能力。

（三）模仿设计，修改程序

活动 2　模仿范例，添加颜色

活动：模仿"画一画"程序中现有的黑色和蓝色，为程序增加一个红色，并完成记录表第二项（如图 3）。

交流：模仿了哪些角色及脚本模块，发现了什么规律？

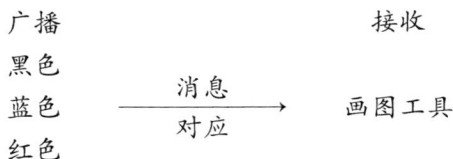

图3

板书：

广播　　　　　　　　　　　　接收

黑色

蓝色　　　消息

红色　　　对应　　→　　画图工具

小结：不同角色通过广播与接收的方式来进行信息传递，还可以用这种方法来增加哪些功能？

活动3　添加橡皮，优化脚本

讨论：我们能用"画一画"画出线条，并能选择各种颜色。如果在画的时候画得不美观或颜色选错了怎么办呢？还需要增加什么功能？用到什么工具？（橡皮擦）

画图中的"橡皮擦"相当于我们平时使用的"修正贴"，用背景颜色盖在需要修改的地方。下面让我们一起试着做一个"橡皮擦"。

活动要求：

（1）从素材中选择能代表橡皮擦的图片作为角色。

（2）模仿画线动作，设计橡皮擦动作。

（3）编写"橡皮擦"动作脚本。

展示：让学生展示自制的"橡皮擦"及实现橡皮擦功能的脚本（如图4）。

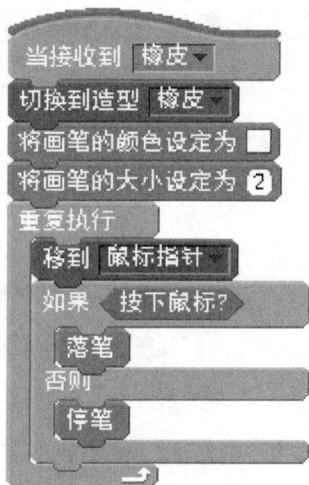

图 4

优化：如果对设计的"橡皮擦"不够满意，应该进一步修改优化，如切换造型、画笔大小等。

强调：要养成反复运行、修改的好习惯，使程序更完美。

设计意图：在研读脚本的基础上模仿编写脚本，既是初学者成功的捷径，也是终身学习的有益途径，学会了这种学习方法终身受益。通过模仿设计，引导学生发现不同角色之间信息传递的规律，加深对广播与接收方式的认识，并能在以后的创作中熟练运用。同样是模仿设计，橡皮擦动作脚本与画线动作脚本的本质相同，但细节有区别，引导学生在合理化归问题的同时，还要注意修改优化，有助于他们从小形成一个完整的系统开发思想。

（四）合理想象，创作程序

1. 构思"我的 SCRATCH 画图程序"

4 人一组，联系曾经玩过的画图、金山画王等程序，合理想象，完成"我的构思"（如图 5）。

指名 1~2 个小组交流，说明人员分工、程序特色、达成效果。

2. 根据"我的构思"，创作程序

活动建议：

（1）小组科学分工、人人动手、团结协作。

（2）作品角色有趣、动作自然、脚本规范。

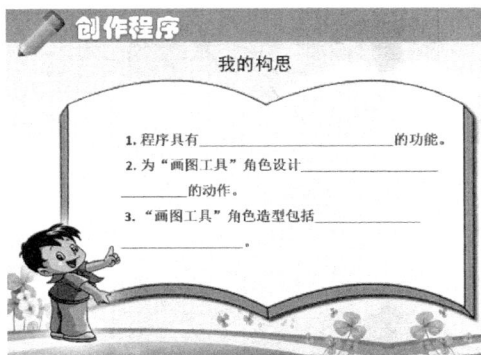

图 5

设计意图：通过前面的模仿设计，学生已经可以创造性地提出一系列构思，也会有各自解决问题的策略，创作出更加完善的作品。根据小组内每个人的分工需要和层次，充分发挥每个学生的作用；让小组内不同能力类型的学生都能独立解决力所能及的问题，以保证学习的有效性。他们在实践中获取灵感，掌握方法，体验成功，获得更多的乐趣。

（五）增强体验，分享程序

互动：让学生交换位置，玩一玩其他小组创作的画图程序，交流心得，分享经验。

交流：点评同学们的画图程序，表扬做得好的、值得大家学习的同学，做得不好的提出需要完善的地方。

设计意图：作品展示环节是对学生的一种肯定和赞扬，让他们体验到成功的喜悦；让孩子们看到别人作品中的闪光点，也得到一次扬长避短的机会。

（六）全课小结，拓展程序

通过本课的学习，你有哪些收获？

欣赏一些同学的作品，并适当点评（如图6）。

图 6

同学们在课后可以多练习，丰富"画图"的功能。还可以把程序发布到网站（scratch. mit. edu）与大家一起分享。

设计意图：适度给出更多新颖的范例，增加了学生对 SCRATCH 的兴趣，也激发了继续深入学习编程的欲望。同时介绍例子和网站，让学生的学习有了努力的方向和成功的可能。激励学生不断地想象、创作、分享。

（滨海县教育局教研室　仇大成）

3.3.6　通过游戏活动培养计算思维能力的策略

游戏化教学是指在课堂教学中增加游戏互动环节，优化教学效果，而不是在教学过程中使用教育游戏软件。课前教师设计一些互动环节，这个环节主要是通过体验游戏完成的，而不是电脑程序。教师在设计这些游戏的时候，可以利用所有可用的道具，通过玩游戏来达到预设的教学目标。由于教育游戏的开发难度较大，因此相对于教育游戏，游戏化教学更易实现。

在游戏化教学中，学生是教学的主体，教师是主导，教师在设计整个教学过程的评价方面起着一定的主导作用。轻松、生动、有趣的课堂才能激发学生的学习兴趣。游戏可以营造这样的课堂。学生可以在游戏过程中无意识地掌握知识。

游戏能刺激学生，激发他们的兴趣。游戏不仅给学生的感官带来了刺激，更重要的是，它给思维带来了灵感和挑战。游戏应用于算法教学，可以培养学生的观察能力、综合思维能力和独立判断能力，帮助学生发展智力。

学习的目的除了掌握知识本身之外，更要让学生能够主动地思考和灵活地运用知识，以解决更多实际的问题和更好地应对未来多变的生活。高中算法与程序设计课程不仅仅是对学生的技术训练，更应该关注如何让学生理解和掌握课程背后的思想。程序设计的内容相对于信息科技学科的其他内容来说较为抽象，笔者认为，游戏是形成抽象思维的最佳途径。游戏作为桥梁，可以把抽象的内容变得易懂，游戏互动过程中还能渗透计算思维方法。尝试用游戏的方式让学生亲身体验算法，并运用分解、抽象、概括等计算思维方法解决实际问题，感悟到算法的内涵。

一个个精心设计的与学习目标相关的游戏任务，除了让学生在轻松的氛围中自然而然地学习和体会到编程背后的本质思想之外，还能充分调动起学生的脑力、创造力和动手能力。这种寓教于乐的教学方法可以提高学生的学习参与感，让学生享受愉快的学习体验，使学生更积极地参与到学习过程中。游戏环节是整个课堂教学的核心，直接关系到课堂的成败。创设游戏环节，能提升学生的兴趣，优化教学效果。游戏教学活动设计的好坏直接关系到教学过程和教学效果。

3.4　基于计算思维的教学模式

3.4.1　基于计算思维的探究教学模式

探究教学是将科学作为探究过程来讲授，让学生像科学家进行科学探究一样在探究过程中发现科学概念、科学规律，掌握科学方法，以培养学生的探究能力和科学精神。将思维教学和探究教学结合起来，能更好地达到培养学生自主、探究、合作学习的目的。

探究教学模式是在教学过程中，要求学生在教师指导下，通过以"自主、探究、合作"为特征的学习方式对当前教学内容中的主要知识点进行自主学习、深入探究并进行小组合作交流，从而较好地达到课程标准中关于认知目标与情感目标要求的一种教学模式。认知目标涉及与学科相关的知识、概念、原理的理解与掌握；情感目标则涉及情感、态度、价值观及思想品德的培养。探究教学模式既重视发挥教师在教学过程中的主导作用，又充分体现学生在学习过程中的主体地位。

整个教学过程通过一系列基于计算思维的探究性问题展开。教师首先创设教学情境，提出探究性问题，以此调动学生的学习积极性、激发其学习动机；然后启发学生通过计算思维的方法（单归，关注点分析，抽象和分解，保护、冗余、容错、纠错和恢复，利用启发式才在理寻求解答，在不确定情况下的规划、学习和调度，等等）解决问题。当学生掌握这一思维方法以后，教师再启发学生运用所学方法自主探究地解决更深层次的问题，并通过小组合作的方式运用计算思维达到知识巩固和迁移的目的。

📖案　例

自动行驶的汽车

一、学情分析

本课教学对象是小学五年级的学生，这个阶段的学生已经具备了一定的计算机操作技能，能够较熟练地使用所学软件。通过前一阶段时间对

SCRATCH 的学习，学生已经初步掌握了对舞台、角色的基本操作，能够使用重复执行、侦测、判断等控件为角色设计有难度的动作，完成作品的设计。这个年龄段的学生具有很强的好奇心，愿意接受新鲜事物，喜欢与人交流和分享，同时他们在观察、分析、思考能力上都有非常好的表现，这为教学内容的顺利开展提供了有力支撑。

二、教材分析

本课教学内容选自苏科版《小学信息技术》五年级第 9 课《赛车游戏》，属于程序设计教学模块的内容。作为以角色控制为主要手段的程序设计软件，在实现如移动、旋转等常规的控制之后，如何在角色之间进行相互侦测，根据侦测结果进行不同的控制，让角色做出一系列复杂动作是本课内容被编排在这里的原因。

本课内容主要通过以下三个环节呈现：第一个环节是添加传感器；第二个环节是使用颜色侦测颜色的结果控制角色移动；第三个环节是组合、优化脚本，完善作品效果。学好本课内容有助于学生对侦测条件及对象的选择的理解，进一步体验结构化程序设计思想。

三、教学目标

1. 知识与技能

理解颜色侦测颜色的方法；掌握利用侦测与判断控件对角色进行动作控制；能够灵活地根据任务选择不同的侦测与判断控件进行搭建脚本。

2. 方法与过程

在脚本搭建过程中，引导学生发现问题并解决问题，体验结构化程序设计思想。

3. 情感态度与价值观

通过作品的创作，进一步激发学生学习 SCRATCH 进行程序设计学习的兴趣。

四、教学重点与难点

教学重点：掌握颜色侦测颜色的方法。

教学难点：运用侦测与判断控件进行作品的设计与创作。

五、教学策略

技术工具的学习是信息技术学科的特点，应用技术工具为我们解决学习生活中的问题，是这些技术工具的重要功能，但是 SCRATCH 的学习与之前的技术工具的学习有很大的不同，它更多地考查学生的计算思维能力。这是因为 SCRATCH 是一款图形化的程序设计软件，通过直观且易理解的可视化方式表达程序逻辑，摒弃传统的复杂代码，培养学生直观地计算思维。

程序设计教学注重培养学生的模块化设计能力和代码阅读分析能力。在角色完成基本目标的基础上，通过逐步添加内容让角色能够完成更多、更复杂的任务，这种由简到繁的过程与模块化设计有着极大的相似性，但如何合理地添加内容是由简到繁的关键，不能使角色做出不符合常规则的操作。

基于 SCRATCH 软件的特点和学生的实际情况，本课以"无人驾驶汽车"视频为切入口，通过"创设情境，激发需求—逐步设计，作品初成—创作升华，巩固知识—收获总结，畅想未来"这四个环节引领学生展开自主探究式的学习。

六、教学过程

（一）创设情境，激发需求

老师今天给大家带来了一段科技小视频（如图1）。（播放视频）

图1

介绍：汽车在导航的引导下，按照指定的路线进行自动行驶，在屏幕右侧显示着汽车左、前、右三个方向的实时画面，实时地出现用方框围出来的物体和人，表示汽车周围情况。

提问：汽车是通过什么实时侦测周围情况的？（传感器）

（板书：传感器　侦测）

今天我们学习用 SCRATCH 设计一个可以初步实现让汽车自动行驶的程序。

（板书：自动行驶的汽车）

设计意图：通过观看视频，学生观察汽车是如何实现无人驾驶的，体会传感器的作用。这不仅可以培养学生的观察力，又可以激发学生的好奇心，为后面的探究学习做好铺垫。

（二）逐步设计，作品初成

汽车的自动行驶离不开传感器。你准备把传感器安装在什么位置？

大家的想法都非常有针对性。

对于一条空旷无人、没有红绿灯、没有障碍物的道路，我们只需要在汽车体外面安装两个传感器：一个安装在车的左前方；另一个安装在车的右前方。

活动 1　安装传感器

请同学打开桌面上的"自动驾驶 .sb2"文件，快速地在汽车的左前方和右前方画两个虚拟传感器。

为了区分传感器的安装位置，我们一般用不同的颜色对传感器进行区分，注意选择的颜色不要与背景和角色中的颜色相同、相似，尽量有明显的区分度。

设计意图：安装传感器就是角色、背景的修改，学生应该熟练掌握。让学生绘制传感器，一是让学生巩固角色、背景的修改方法，二是为后面传感器为什么选择不同颜色提供铺垫。

活动 2　自动行驶

传感器安装好了，我们就开始为汽车设计自动行驶的控制程序。

1. 直线行驶

（出示直道图片，如图 2）

图 2

这是一条直线道路，汽车从左侧的起点出发，从左向右移动，当到达终点后自动停下来。

不管我们准备在什么样的道路上行驶，汽车都要经历行驶准备、行驶途中、终点停止三个阶段。请同学们思考一下，控制汽车在这样的道路行驶需要用到哪些控件？

（1）行驶准备阶段

在行驶准备阶段，首先需要将汽车移到起点，然后确定行驶方向。需要的控件有：

思考：如何快速地确定起点的坐标位置？

（把汽车移动到起点，再选择移到控件，此时会自动显示坐标值）

脚本解读：依次确定汽车移动起点和移动方向。

（2）行驶途中阶段

在行驶途中阶段，汽车从左向右重复移动。需要的控件有：

脚本解读：重复移动指定步长。

（3）终点停止阶段

在行驶途中需要随时判断汽车是否到达终点，如果汽车到达终点，那么汽车就会停下来。

如何判断汽车是否到达终点？（当汽车碰到黑色的终点线时，表示汽车到达终点，可以停下来了）需要的控件有：

脚本解读：在行驶过程中，如果汽车碰到黑色，那么就停止所有动作。

现在我们需要的控件都找到了，你会搭建了吗？试一试。

大家搭建好了吗？谁来演示一下（如图3）。

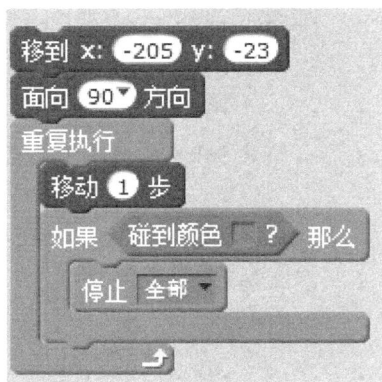

图3

　　设计意图：先简单再复杂是一般的学习方法。直线行驶是最简单的行驶道路，可以把自动行驶的过程比较完整地呈现出来，让学生先掌握在这种道路上自动行驶的设计过程，是为后面的复杂设计做好铺垫，同时也是脚本复杂化搭建的基础，很好地向学生呈现了程序设计的学习方法。帮助学生诊断脚本，既可以帮助学生解决问题，又可以培养学生发现问题、解决问题的能力。

　　2. 向右拐弯

　　汽车行驶的道路不一定都是直线。（出示图 4 中向右拐弯的图片）

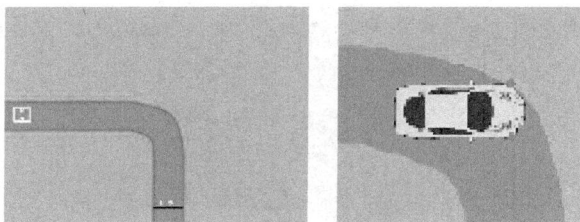

图 4

　　原来的脚本能不能让汽车自动行驶到终点？

　　当汽车移动到拐弯处后并没有向右拐弯，我们如何让汽车知道该拐弯了。

　　这时候，哪个传感器侦测不到路面？（左传感器）

　　它是用什么颜色表示的？（粉红色）

　　当粉红色传感器侦测不到灰色路面时 `颜色 碰到 ？ 不成立`，汽车应该右拐 `右转 ↻ 15 度`。

　　（板书：颜色）

　　如果粉红色传感器没有侦测到灰色路面时，汽车右转 15 度（如图 5）。

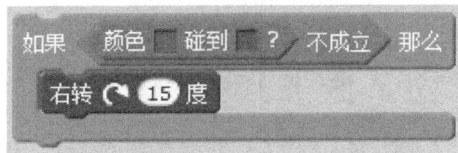

图 5

　　修改脚本，试一试，现在汽车能不能右拐？（注意参数的调整，如图 6）

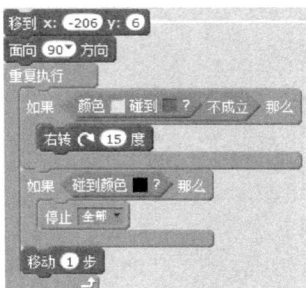

图6

换一个拐弯方向，在拐弯处，又是哪一个传感器侦测不到路面，应该向什么方向转弯（如图7）？试一试。（右传感器，左转）

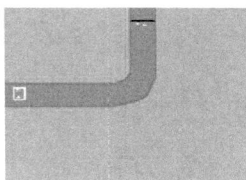

图7

设计意图：使用直线行驶脚本无法在拐弯处拐弯，分析在拐弯处汽车的状态，找到解决问题的方法。通过尝试、分析、再尝试，找到符合要求的控件，帮助学生理解控件的使用，帮助学生分析问题，培养学生的分析能力，可以提高学生使用SCRATCH搭建脚本的能力，设计出更有趣的作品。

（三）创作升华，巩固知识

同学们很好地完成了老师布置的任务，为了让控制程序更加合理，你准备如何优化脚本，让汽车行驶得更加流畅？

活动3 组合优化脚本

活动目标：

（1）让脚本既可以直行，还可以右拐弯或左拐弯；

（2）调整控件参数或更换控件，使汽车流畅行驶。

学生操作，老师巡视指导。

作品展示，分享经验。

设计意图：作品的完善是针对所学知识的巩固，同时也可以为学生想象力的展现提供必要的舞台。学生的思维是活跃的，在创作的过程中，他们不会停留在简单的识记和模仿的层次，只要为他们提供好创作平台，一定会挖掘出他们的设计和创新能力。作品展示环节是对学生的一种肯定和赞扬，让他们体验成功的喜悦；也是学生思维碰撞的过程，让孩子们看到别人作品中的闪光点，得到一次扬长避短的机会。学生的想象力是无穷的，给他们自由的空间，一定会给我们带来意想不到的惊喜。

（四）收获总结，畅想未来

通过今天的学习，同学们有哪些收获？

这节课我们学会了通过对颜色侦测颜色的判断来控制角色的动作，初步创作出了我们自己的自动控制程序。在今后的学习中，我们可以继续为自动控制程序添加更多功能。

设计意图：让学生谈收获是让学生加深本节课所学内容，同时也是提醒学生本节课的内容重点。

（大丰区幸福路小学　钮洪斌）

3.4.2　基于计算思维的任务驱动式教学模式

任务驱动教学模式以学习者的学习为中心，强调学习者的学习过程必须与学习任务相结合，通过完成任务来激发和维持学习者学习的兴趣和动机。在真实紧张的教学情境中，学习者拥有学习的主动权，教学者掌握整个教学活动流程。任务驱动教学的主要教学方法是教学者、学习者、任务三大要素之间的交流互动，教学者与学习者之间以"任务"为主线连接。任务是中心点，学习者围绕任务学，教学者围绕任务教。

在基于计算思维的任务驱动式教学过程中，教学者为主导，设计任务、呈现任务、实施任务、总结评价；学习者为主体，明确任务、完成任务、共享交流。教学者运用基于计算思维的方法进行教学，学习者利用高效率的计算思维明确任务目标，运用任务的驱动探索新的知识。学习者之间相互协作交流深入探究问题的实质，最后集体展示成果、交流学习心得，并巩固拓展新的知识。

案例

赛车游戏

一、教材分析

本课的主要学习任务是认识侦测模块里的"颜色"控件，并将该控件配合条件语句使用，通过对返回值进行判断，设计一辆赛车由起点自动行驶到终点的程序。涉及的知识点有重复执行控件、颜色侦测、条件判断、计时器等。根据本课的教学目标可将教学内容分成四部分：第一部分，让赛车不断前进；第二部分，赛车偏离轨道后纠正方向；第三部分，赛车到达目的地，并加入计时功能；第四部分，探究与赛车的稳定性有关的因素。

二、学情分析

本课教学对象是小学五年级学生，他们对 SCRATCH 软件已有一定的学习经验，在设计程序时能够开始独立思考、追求与探索，能结合自己的语言和想法来描述程序的编程思想。学生对教学内容有较强的学习欲望，但其认知水平和分析能力仍然有限。为了最大限度地帮助学生在已有的认知基础上，更好地将各知识点汇集起来完成任务，可设计多个活动来组织教学，学生在活动的过程中掌握知识。在探究赛车行驶的稳定性因素时，采用不断调试执行的方法寻找合适的速度和角度。本节课主要通过师生平等对话、学生自主探究、自学教材内容等方式进行教学，提高学生的自学能力、知识迁移能力和动手实践能力。

三、教学目标

（1）创设情境，激发兴趣。学生在完成活动任务的过程中掌握知识，再通过知识迁移解决更多实际问题。

（2）运用侦测和判断控件，使赛车由起点自动行驶至终点。通过分析赛车的稳定性因素，改装赛车以稳定提速。

（3）通过师生平等对话，以赛促学、以赛促练，提高学生动手实践能力。

（4）学以致用，思考问题不拘一格，开启发散思维、大胆尝试，在探索和实践的过程中培养解决问题的能力。

四、教学重点与难点

重点：学会侦测控件与判断控件的配合使用。

难点：赛车偏离赛道后调整方向。

五、教学方法与手段

以学生自主探究学习为主，教师演示讲解为辅。

六、教学过程

（一）创设情境，激发兴趣

联系学生的生活经验，询问学生的实际问题。

你玩过小汽车吗？能不能向大家介绍一下玩法？能分享一下你的感受

吗？你觉得小汽车什么地方最吸引你？

大家见过能自动驾驶的汽车吗？（播放视频）

它和普通汽车有什么不同？

学生自由回答。

总结：自动驾驶汽车能自动控制速度、停车礼让行人、自动转向等。

想设计这样的汽车吗？今天我们就一起用 SCRATCH 来设计一个能自动驾驶的赛车游戏。

引入课题"赛车游戏"。

设计意图：创设情境，把前沿科技搬到教室，犹如让学生亲身接触，激发学生的学习热情和参与兴趣。

（二）搭建脚本、赛车前行

描述"赛车游戏"的规则：赛车在同样的赛道上从起点行驶到终点，用时最短的胜出。

活动1　创建沿直道行驶的赛车游戏

老师准备好赛道和几款不同颜色的赛车，让学生利用以前所学知识，导入"直赛道"和喜欢的赛车，搭建脚本，实现赛车沿赛道从起点行驶到终点的功能。

学生操作。

设计意图：让学生独立完成赛车在赛道上行驶的脚本，帮助学生复习移动、重复等控件的使用，同时，通过演示让学生发现设置初始位置的好处。

（部分学生可能没有设置赛车的初始位置和方向）

分别演示已设置赛车初始位置和方向、不设置初始位置和方向的学生程序，让学生比较、分析，找出不同之处，再修改自己的脚本（如图1）。

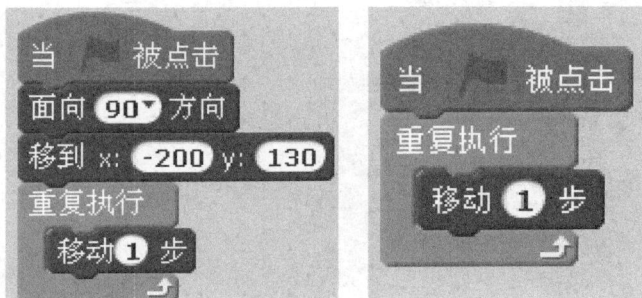

图1

总结：在 SCRATCH 中可以通过"面向"控件、"移到"控件来设置角色的初始方向和位置。

（三）完善脚本，控制方向

改换背景：导入"弯赛道"。

请学生运行脚本，观察结果。

学生发现：赛车一直向前进，不能拐弯，偏离了赛道。

设计意图：通过更换背景，学生主动发现"赛车不能在赛道上行驶"的问题，培养学生发现问题和主动分析问题的能力。

活动 2 创建赛车的"眼睛"

要是赛车有两只能时刻判断方向的"大眼睛"就好了。同学们，想不想让你们的赛车拥有这样的"大眼睛"？

演示：选中赛车角色，在控制栏中选择"造型"标签，然后选择椭圆工具，给赛车画上蓝色和紫色的"眼睛"。

设计意图："传感器"专业性较强，把它比作"大眼睛"，学生更容易理解和接受。

学生操作，创建赛车的"眼睛"。

再次运行脚本，发现：赛车仍然不能沿赛道行驶。

活动 3 分析讨论，完成赛车沿弯道行驶

老师演示已调试好的程序。

出示两段不同的脚本（如图 2），让学生观察后讨论：脚本有什么不同？能实现什么样的功能？

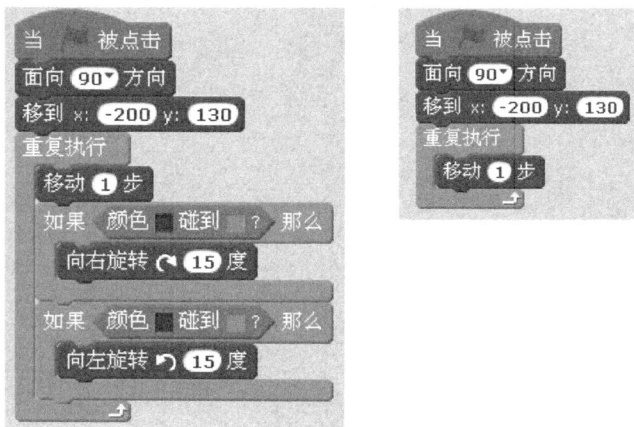

图 2

学生汇报：如果左边的"眼睛"看到草坪外，赛车向右转动。反之，右边的"眼睛"看到草坪，赛车向左转动。

总结："颜色 1 碰到颜色 2"控件不能单独使用，需要和条件控件配合使用。通过返回值的真假来判断是否执行下面的脚本。

学生操作：通过条件控件和侦测控件的配合使用，纠正赛车的方向。

设计意图：用语言表达逻辑思路，帮助学生理解编程思想，再将编程思想转换为能实现其相应功能的脚本。

思考：除了判断"眼睛"看到草坪外，还有其他方法可以判断赛车是否偏离赛道吗？

设计意图：解决问题的办法往往并不唯一，引导学生大胆想象，帮助学生寻找解决问题的不同方法，避免束缚学生的思维。

介绍传感器：赛车的"大眼睛"是一个虚拟的传感器。传感器是一种检测装置，它就像人的眼睛、耳朵、鼻子，可以接收到被测量的信息。自动驾驶汽车就安装了许多传感器，通过传感器接收外界传来的信息，指挥汽车做出相应的动作，从而实现自动驾驶的功能。如果大家想深入了解传感器，可以利用课后时间查阅相关资料。

设计意图：补充传感器相关知识，拓宽学生视野，同时，激发学生求知的欲望，培养学生的自学能力和主动探究的精神。

（四）到达终点，完成计时

活动 4　自学课本，赛车平稳到达停止线时读出行驶时间

赛车已经可以在赛道上行驶了，那它可以比赛了吗？

回顾游戏规则：不能，赛车还不能停止，且不知道行驶时间。

自学课本第 43、44 页：搭建脚本，完成赛车停止在红色的终点线并完成计时功能（如图 3）。

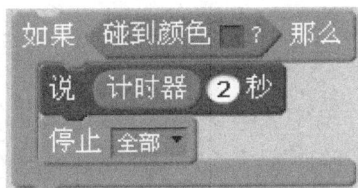

图 3

比一比：谁的赛车最快到达终点？

学生汇报赛车行驶时间。

为什么行驶时间有长有短？

（五）调试脚本，优化性能

活动5 探究与赛车行驶的稳定性有关的因素？

除了调整速度还可以怎样改善赛车的性能？

学生尝试调整数据，改善赛车性能。

再次汇报赛车行驶时间。

老师宣布比赛结果。

总结：赛车的稳定性与赛车的速度、旋转角度有关。

设计意图：以赛促练。通过比赛调动学生积极性，并主动探究怎样才能让赛车跑得又快又稳。

（六）总结回顾，拓展延伸

这节课，你学到了哪些知识？

思考：如何让自动驾驶赛车设计得更完美、更精彩。请同学们不要怕出错，大胆改装你们的赛车。老师期待你们的精彩设计！

设计意图：培养学生知识迁移的能力，将传感器的位置、数量等其他因素也考虑在内，鼓励学生自行改装赛车，最终得到较为理想的作品。同时，在完成任务的过程中，让学生熟练掌握侦测和条件语句的用法。

（盐城市亭湖小学　钱蓉）

3.4.3　基于计算思维的多元混合教学模式

混合教学是在信息时代背景下，伴随着人们对利用信息技术促进教学改革的不断积累和反思中而形成的一种教学模式。它提倡将"面对面"的课堂教学与基于网络的在线学习相融合，使两者相互促进，优势互补。

混合教学就是把传统"面对面"课堂教学与在线学习的优势结合起来，既要发挥教师引导、启发、监控教学过程的主导作用，又要充分体现学生作为学习过程主体的主动性、积极性和创造性。其所蕴涵的教学思想是将教学活动过程分成若干要素，凭借"面对面"教学和在线学习的各自优势，根据需要合理组合学习资源、构建教学环境、搭建交互平台，以及选择最合适的方式将内容呈现给学生，实现各种教学要素的优化组合，达到效果的最优化。其本质在于"在恰当的时间应用合适的学习技术达到最好的学习效果"，即为了达到既定的教学目标，学习者可以选择不同的学习内容，通过恰当的学习资源（媒体），在合适的技术支持（学习环境）下，采取合适的学习活动，并对学习过程进行适当的评价，以达到最优的教学效果。

案例

花朵缤纷

一、教学要求

让学生能结合生活中的具体问题，体验算法思想及其意义，初步了解算法；能知道算法的多样性，有意识地设计与改进算法，优化问题解决的方案。

二、教材分析

《花朵缤纷》是苏科版《小学信息技术》五年级第 6 课的内容。本课的学习内容建立在前面坐标相关控件，以及"重复""旋转"等相关控件知识基础之上，主要包含利用"图章"控件绘制角色，使用随机数控件控制角色出现位置及外观等。其中随机函数控件的使用，对小学生来讲不易理解，是本节课的难点。突破这个难点，可为后面运算模块和小游戏制作等打下坚实的基础。

三、学情分析

本节课教学对象是小学五年级学生。处于这个阶段的学生具备了基本的计算机操作技能，思维方面已经有了一定的逻辑性。通过前面的SCRATCH 学习，学生已经对角色的绘制、位置及旋转等控件有了较深的了解。但是他们的思维活动仍具有很大成分的具体形象色彩，需结合生活实际，建立教学支架引导。

四、教学目标

知识与技能：理解"旋转中心点"，掌握"图章"控件，理解随机数的概念及使用方法。

过程与方法：在完善"花朵缤纷"效果脚本的过程中，体验程序设计的迭代思维方法。

情感态度与价值观：通过花朵开放效果的设计与制作，感受程序设计的趣味性，养成勇于实践探索的精神。

五、教学重难点

教学重点：绘制花朵，角色位置，重复控件的嵌套。

教学难点：绘制花朵，角色位置。

六、教学策略与手段

学习是学生自己构建知识的过程，而教学应该把学生原有的知识经验作为新知识的生长点，引导学生从原有的知识经验中，主动建构新的知识经验。本节课的知识建立在学生已有的对坐标相关控件、重复控件、旋转控件的基本操作上，运用随机数的概念，同时涉及程序设计自上而下顺序执行的运行机制。对于学生来说，相对比较难理解。根据实际情况，以成语"飞花令"的小游戏导入，抽取编号时让学生初步认识随机的概念，对随机数范围产生初步的印象，为后面随机数控件的使用做铺垫。在绘制花朵缤纷的过程中，从一朵花的绘制入手，再令其指定位置开放，随后到任意位置实现两种"花开一处"，再以重复嵌套及随机数控件实现"百花齐放"的效果，由浅入深，层层递进，让学生体会程序设计迭代思维。

七、教学过程

（一）游戏激趣，导入新课

小游戏：成语"飞花令"。

出示游戏规则：从全班 30 名同学中按编号随机抽取 6 名同学，轮流在 5 秒之内说出一个不同的带"花"的成语，最后站着的同学获胜。提问：

（1）你们抽到了哪些编号？抽到的这些编号有规律吗？

（2）你们能抽到 49 号、50 号吗？为什么？

（随机抽取的编号也是有范围的）

总结：佩服同学们的知识储备，可以在这么短的时间内说出那么多关于花的成语。"花"总是让人想到美好的东西，不仅诗词成语中有花，我们也让它出现在 SCRATCH 的舞台上，今天我们一起来制作"花朵缤纷"。

设计意图：程序的理解对学生来说相对比较抽象，在课堂一开始，设计成语飞花令的小游戏。一方面，通过"花"过渡到本节课的主题"花朵缤纷"中；另一方面，通过实际生活中随机抽取编号的情景，让学生初步体会随机的概念及其范围，为新知识点随机数做铺垫。

（二）一花独放，初步搭建脚本

活动 1 认识图章控件，用"图章"控件画一朵花

学生到展台演示用实物图章画一朵花，分析其过程，确定旋转点。

对比实物图章画花的过程，说一说 SCRATCH 中画一朵六瓣花思路（如表 1）。

首先画一片花瓣，其次确定旋转点，再次编程，搭建脚本，确定旋转角度，使用"图章"控件，并且重复执行。

完善脚本。搭建脚本，画一朵六瓣的花。

表 1

步骤	实物图章画花	SCRATCH 脚本实现
1	一片花瓣	
2	确定旋转点	
3	确定旋转角度，盖章	向右旋转 60 度 图章
4	重复印好其余花瓣	重复执行 5 次 向右旋转 60 度 图章

设计意图：此环节从日常生活中的图章入手，让学生先利用实物图章绘制花朵，了解其具体过程，然后尝试将这个过程利用脚本来实现。设计支架将脚本与实物图章使用过程对比，帮助学生理解脚本的设计思路，同时感悟日常生活中也存在着程序设计。

（三）花开一处，掌握随机控件

活动2　修改脚本，让花在草地指定位置绽放

让花朵在舞台中某一位置出现，使用什么控件？

怎么确定绽放的位置？例如（x：60，y：-60），如图 1。

Y: -60

图 1

过渡：你们想让它在什么位置开放呢？同学们意见比较多，我们可以让花儿自己来选择，在草地的任意位置开放。

活动3　再改脚本，让花在草地的任意位置绽放

尝试使用随机数控件，运行脚本。

使用随机数控件后，产生了怎样的效果？

让花在草地任意位置绽放，如何修改参数？参数的范围是什么？如表2。

表2

位置	使用控件	取值范围
指定位置开放	移到 x: 60 y: -60	x: ___60___ ,y: ___-60___
舞台的任意位置开放	移到 x: 在 -240 到 240 间随机选一个数 y: 在 -180 到 180 间随机选一个数	x:_____,y:_____
让花在草地任意位置开放	移到 x: 在 -240 到 240 间随机选一个数 y: 在 -180 到 -60 间随机选一个数	x:_____,y:_____

设计意图：此环节内容为本节课的难点，运用到"随机数"控件。确定"位置"控件为学生已学内容，因此先设计活动实现花朵在某一指定位置开放，再实现在任意位置开放的效果。通过"指定位置"与"任意位置"的对比，逐步引导学生认识"随机数"控件，掌握其使用方法，确定数值取值范围。

（四）百花齐放，开拓思维

"万紫千红总是春"，能不能让五颜六色的花朵竞相开放？

活动4　完善脚本，改变花朵的颜色等，百花齐放

搭建脚本，尝试运行（如图2）。

这个脚本增加了哪些控件，它们分别有什么作用？

尝试完善脚本，实现大大小小、五颜六色的花朵绽放效果。

设计意图：学生已经掌握了基本控件的使用，这一环节旨在让学生体会这里的程序是自上而下的顺序执行，并且将控件综合使用，在原有脚本的基础之上逐步完善优化，实现更多的效果，体会程序设计的迭代思维。

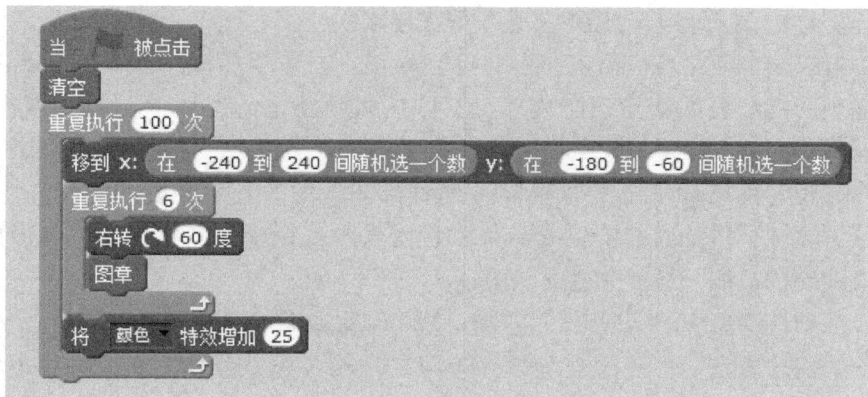

图 2

（五）归纳总结，提炼升华

通过今天的学习，同学们有哪些收获？

利用思维导图呈现本节课内容（如图 3）。

小结：从"一花独放"到"花开一处"，再到"百花齐放"，"花朵缤纷"的效果越来越丰富。我们发现，程序也在根据我们的需求逐步完善优化，这就是程序设计中的迭代思维。

设计意图：让学生谈收获，加深对本节课所学内容的理解。思维导图是一种可以开发学生思维潜力、提高思维能力的简单高效的工具。利用思维导图加以总结，让学生更加清晰地串联本节课知识，整体上体验程序设计的一般过程，培养学生程序设计的迭代思维。

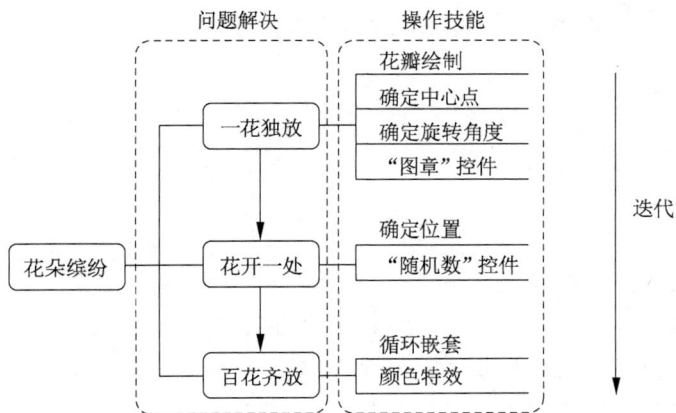

图 3

（建湖县实验小学　臧峰莹）

3.4.4　基于计算思维的问题学习教学模式

近年来，随着现代信息技术的迅猛发展，在教学领域中不断涌现出各种基于网络环境的新型教学模式。其中网络环境下的问题学习教学模式，强调利用网络多媒体教室、校园网、互联网、教学平台、多媒体教学软件、网络课程等网络环境及资源将学习设置到复杂的、有意义的问题情境中，通过学习者合作解决真实性问题来掌握隐含在问题中的科学知识，并形成解决问题的技能，最终完成知识构建。

面向计算思维的问题学习教学模式是利用多媒体网站、网络教学平台、多媒体网络教室、多媒体教学软件等网络环境资源，结合计算思维能力培养，创设问题情境，通过问题学习过程使学生达到构建知识、发现规律，并使用计算思维解决问题的目的。其中，教学活动是围绕问题情境展开的，教师利用网络教学平台控制课堂节奏，按照教学规律适当引导，根据问题情境层层推进，使学生通过对真实问题的分析与解答，不断学习新知识、积累新经验，并将计算思维逐步渗透到自身的知识体系。

在面向计算思维的问题学习教学模式下，教师不再仅仅局限于用文字来描述问题，而是可以使用图片、动画、视频、音频等多媒体元素设计图文并茂、贴近生活的问题情境，以激发学生的学习兴趣。因此，教学活动开始前，教师首先应在对教材、教法熟悉的基础上，利用网络环境资源，从其积累的大量教学素材中筛选、设计出既体现知识点及教学内容，又能够引起学生兴趣、利于培养计算思维的问题。其次，教师还需通过教学管理平台查询学生相关信息，对学生学习背景及个体特征进行分析，针对学生情况进行适当的异质分组，并通过网络教学平台向各个小组发布问题系列。

案 例

克隆飞机大战

一、课程纲要要求

课程实施要以学生为中心。教师要使用多元的教学策略，为学生创设真实问题和情境，在运用信息技术工具解决具体的生活和学习问题的过程中，逐步引导学生掌握基本技术，使用与创新技术，形成运用技术的责任意识。算法是程序设计的灵魂，程序设计语言是实现算法的重要工具。算法与程序设计模块针对算法与程序设计的应用，为满足学生个性发展需要而设置。通过本模块的学习，了解算法设计的一般方法，了解一种程序设计语言，尝试利用一种程序设计语言实现简单的算法，了解利用计算机进行问题求解的基本思想、方法和过程。

二、学习内容分析

《克隆飞机大战》是苏科版《小学信息技术》五年级第 12 课，属于基础模块"算法与程序设计"中的内容。本节课的主要内容是认识和理解"克隆"控件，为后面独立设计程序打下基础。"克隆"是 SCRATCH 2.0 版中的新技术，是学生创作动画游戏的重要技术之一。

教材以游戏克隆飞机大战为主题，激发学生的学习兴趣与创作热情。教材第一部分内容以绘制飞机角色和火炮系统，是对前面所学的绘图编辑器使用方法的复习与巩固。特别是绘制火炮系统时，为了达到更加逼真的效果，教材中给出具体的指导方法，造型切换的直观演示方法。第二部分是对"克隆"控件的学习，通过克隆多架飞机达到对"克隆"控件的理解。教材中给出了详细程序脚本，特别要注意的是，克隆角色初始位置与原角色在同一位置。这个游戏可充分让学生理解"克隆"控件的启动、删除等。

三、学情分析

本课面对的教学对象是小学五年级的学生，他们已经具备了一些基本的计算机操作技能，思维方面已经有了一定的逻辑性。通过前面的 SCRATCH 学习，学生已经掌握了角色的绘制、确定角色的位置、随机函数、条件、循环、切换造型、颜色侦测等控件。但是学生对控件的组合使用能力不强，不能从现实世界抽象出程序设计的逻辑，对于面向对象设计的流程没有形成规范化的认识。

四、学习目标

（1）认识与理解"克隆"控件。
（2）掌握利用"克隆"控件控制角色变化方法。
（3）通过使用"克隆"控件，掌握多个角色相同动作的实现方法。
（4）通过使用"克隆"控件，感受编程的乐趣。

五、重点与难点

重点：认识与理解"克隆"控件。
难点：利用"克隆"控件控制角色变化。

六、教学策略与手段

学习是学生自己构建知识的过程，而教学应该把学生原有的知识经验作为新知识的生长点，引导学生从原有的知识经验中，主动建构新的知识经验。本节课的知识建立在学生已经掌握了角色的绘制、确定角色的位置、随机函数、条件、循环、切换造型、颜色侦测等控件，利用已掌握的知识难以实现预期的效果，从而产生学习新知识的欲望。根据教学内容和学生的实际情况，设置了"复习导入，问题驱动""个人自学，初步感知""探索体验，顺向迁移""拓展应用，建构生成"，这一系列活动引领学生学习，"复习导入，问题驱动"环节设置了回顾旧知和情景对比两个环节，学生通过畅谈上节课的收获，巩固知识点为本节课打好基础，然后通过对比提出问题引入新课。"探索体验，顺向迁移"环节中采用了知识迁移法让学生通过对以前知识的整理来达到现在的目的。

七、教学过程

（一）复习导入，问题驱动

1. 回顾旧知

上节课我们初步学习了克隆飞机大战这一课，现在来回忆一下你们都有哪些收获？

2. 情景对比

请同学们仔细观察，图 1 中左边是我们上节课已经完成的作品，右边是飞机大战游戏的最终效果。它们有什么区别？

图 1

我们解决了这些问题，是不是就能做出这款游戏了呢？今天就让我们来继续学习克隆飞机大战。

设计意图：本节课执教的是第 2 课时，为了帮助学习巩固所学知识点，通过复习旧知导入新课。通过对比两个作品，让学生在作品中发现问题并提出问题，从而激发学生努力设计出此款游戏的欲望。

（二）个人自学，初步感知

首先怎么将一架飞机变成多架飞机呢？根据以前的学习，你有什么好方法？有没有更简单快捷的方法能一次性复制很多架飞机呢？

1. 理解概念

（1）什么是克隆？

（2）找一找"克隆"控件。

找一找

①"克隆"控件在＿＿＿＿＿＿＿＿＿＿模块中。

② 在这个模块中还有哪些与"克隆"相关的控件：＿＿＿＿＿＿＿＿

＿＿＿＿＿＿＿＿＿＿＿＿＿＿＿＿＿＿＿＿＿＿＿＿＿＿＿＿＿＿＿＿＿＿。

---

2. 体会差异

试一试"克隆"控件。

教师演示"克隆"控件的使用方法。在演示过程中特别要提醒学生注意，克隆角色初始位置与原角色在同一位置。

停止运行脚本，克隆的飞机还有吗？（克隆的角色只有在脚本运行时才出现）

"克隆"控件与复制角色有哪些不同？

设计意图：认识与理解"克隆"控件是本节课的重点。在此之前学生已经掌握了角色的复制，本节课引导学生充分认知两种方法。在学习过程中，让学生在自己的操作过程中发现克隆的便捷之处。

（三）探索体验，顺向迁移

活动1 探究内容：向下飞行，尝试修改脚本

（1）飞机都是怎么飞行的呢？它的飞行轨迹是怎样的呢？

（2）对比吃豆子游戏中豆子出现的位置与飞机出现的位置有什么不同（如图2）？

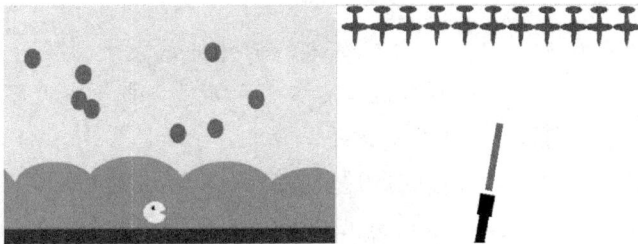

图2

修改豆子下落的脚本来完成飞机向下飞行的脚本（如图3）。

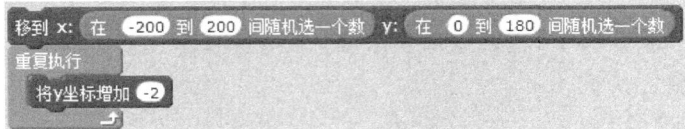

图3

过渡：在运行的过程中，你发现了什么问题吗？为什么克隆了多架飞机，运行的效果中只有一架飞机在飞呢？

学生尝试使用"当作为克隆体启动时"控件，完成多架飞机向下飞行。

问题：在运行的过程中，你还发现了什么问题？

（有一架飞机没有向下飞行、飞机数量太多了）

总结：要想让克隆体动起来，必须要使用"当作为克隆体启动时"的控件，它表示角色的克隆体在启动时执行什么样的动作。

设计意图：引导学生通过比较"飞机向下飞行"和"豆子下落"的过程发现位置的不同，利用知识迁移的方法让学生修改豆子下落的脚本来完成飞机向下飞行的脚本，完成脚本后发现克隆飞机都没有向下飞行，从而引出"当作为克隆体启动时"控件。

活动2 探究内容：底线消失，合作交流脚本

学生通过比较观察，发现飞机向下飞行到舞台底线时都停留在舞台上。

引出"删除本克隆体"控件。

学生自学课本完成当飞机飞出底线时自动消失的脚本。同桌交流讨论完成学习单。

想一想

如果将 y坐标 < -160 控件改成 y坐标 < 0 可以吗？

设计意图：在理解"删除本克隆体"控件的基础上，学生已具备运用判断及运算控件的能力，能独自编写脚本。引导学生自主尝试修改 y 坐标的值从中体会到 y 坐标小于 -160 的意思。

活动3 探究内容：遇红爆炸，分析体会脚本

学生观看脚本，小组讨论交流每个控件都表示什么意思，说出飞机爆炸的过程（如图4）。

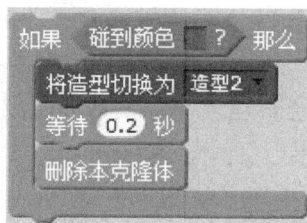

图 4

学生汇报交流成果，教师出示流程图（如图 5）。

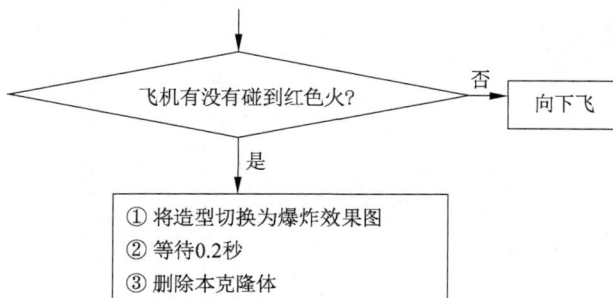

图 5

设计意图：在程序编写的过程中，学生不仅要具备搭建脚本的能力，更要具备读懂脚本的能力。教学过程中采用小组合作交流的方式，让学生阅读脚本了解每一个控件实现的功能，从而培养学生的合作能力、沟通能力与理解能力。

（四）拓展应用，建构生成

1. 尝试练习

同学们能不能用今天所学的"克隆"控件帮帮图 6 中这位农夫呢？

图 6

"锄禾日当午，汗滴禾下土。"相信此时一场雨正是农夫所渴望的。老师的作品里只有一滴雨，你能将一滴雨变成一场雨吗？你会怎么做？

设计意图：通过置换场景出现不同的角色，促使学生对"克隆"控件有更深刻的理解，灵活运用"当作为克隆体启动时""删除本克隆体"等控件，学会举一反三，进行将"一滴雨"变成"一场雨"的设计，进一步巩固本节课学习的控件，能够扎实有效地运用。

2. 建构新知

同学们，今天我们共同学习了克隆飞机大战，你们有什么收获？

（引导学生说出设计克隆飞机大战的过程，形成思维导图，如图7）

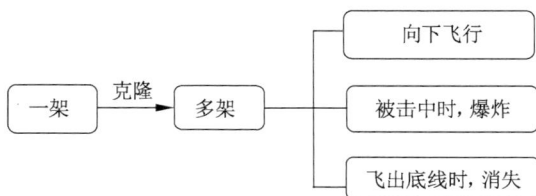

图 7

设计意图：学生畅谈收获，这是对本节课所学内容的归纳与梳理，这也是一种较好的学习方式。思维导图就是一种运用集中与发散的思维，是对学生的知识点进行集中归纳与应用的有效工具。利用思维导图加以总结，让学生更加清晰地串联本节课知识，整体上体验程序设计的一般过程，培养学生的程序设计思维。

（建湖实小城南校区　陈心怡）

3.4.5　基于计算思维的翻转课堂教学模式

翻转课堂是一种新型的教学模式，它起源于美国科罗拉多州落基山的"林地公园"高中。2007年春，该校化学教师乔纳森·伯尔曼和亚伦·萨姆斯开始使用录屏软件录制他们讲课的课件和声音，并将视频上传到网络帮助缺席的学生补课。后来，这两位教师让学生在家看教学视频，在课堂上完成作业，并帮助学习中遇到困难的学生。这种教学模式受到学生的广泛欢迎。因此，乔纳森和亚伦认为，如果把课堂传授知识和课外内化知识的结构翻转过来，形成"学习知识在课外，内化知识在课堂"的新型教学模式，学生学习的有效性将有所提高。

美国富兰克林学院数学与计算机科学专业的 Robelt Talbert 经过多年的

教学积累，总结出翻转课堂的实施结构模型（见图3-5），该模型简要描述了翻转课堂实施过程中的主要环节。该研究根据翻转课堂的内涵和自身的教学条件，在 Robelt Talbert 教授的翻转课堂实施结构模型的基础上，构建了符合自身教学的翻转课堂教学模型。针对翻转课堂的三个环节，每个环节以多元智能为指导，围绕大学计算机基础和计算思维的各个知识点开展学习活动，促进学生计算思维的培养和各项智能的发展。教学设计上可以采用生成问题、探究问题、解决问题的方式，从解决问题的角度出发，强调解决问题的方法、思路。在教学方法上，突出实践能力和思维能力的培养，学科融合，引入跨学科元素。

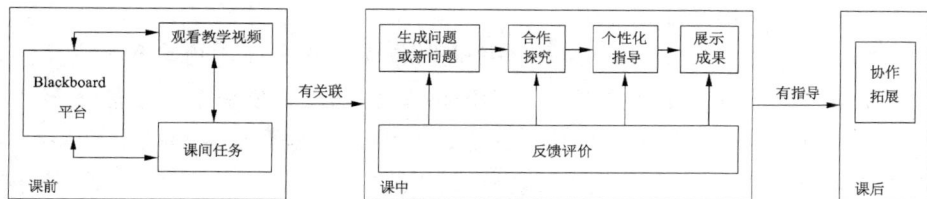

图 3-5　翻转课堂教学模型

案 例

物联网就在身边

一、教材分析

《物联网就在身边》是"物联网技术"学习单元的起始课。本节课主要学习内容有：① 物联网概念：物体与物体通过信息感知设备，按约定的协议相连接，进行信息的交换和通信，以实现对物体智能化的识别、定位、跟踪、监控和管理的网络；② 物联网特征：信息感知、信息传输、智能应用；③ 物联网应用：广泛应用于智能家居、智能安防、智能医疗、智能交通等各个领域。这三个学习内容层层递进，环环相扣。

二、学情分析

本课的教学对象是小学六年级学生，他们一直在互联网环境中成长，对互联网的学习、娱乐、交流等强大功能有一定的切身体会。对他们而言，虽然物联网是一个全新的概念，但在日常生活中，都或多或少接触过物联网的应用，如运用手机应用"地图导航""点外卖"等，只是不知道这就是物联网的应用，这些体验都将有助于学生理解物联网的概念。

三、学习目标

（1）知道物联网的基本概念；了解物联网在社会各个领域的应用；能描述物联网的基本特征。

（2）在理解物联网特征的过程中，体会实验—分析—理解的学习方法。培养学生的动手能力、解决实际问题的能力，并提高团队协作能力。

（3）在"体验物联网生活"的过程中，感受物联网生活带来的便捷。

四、教学重难点

教学重点：物联网概念及应用。

教学难点：物联网的基本特征。

五、教学策略与手段

"物联网"对学生而言，是一个全新的概念，概念的建构需要一步步累积，从表层到内涵，逐步丰富。在了解其基本含义的基础上，才能理解其特征，领会其应用。概念、特征、应用三个学习内容属于层层递进的关系，基于翻转课堂理论，设计了层层递进的"初步感知，认识物联网—视频学习，了解物联网—动手实践，理解物联网—智慧生活，体验物联网—畅想未来，展望物联网—思维导图，总结物联网"的学习过程，让学生经历远观—近看—进入—展望—总结的学习过程，让学生在做中学，在学中思，做到真正"以学生为中心"。

六、教学过程

（一）初步感知，认识物联网

情境：语音提醒家里空调没关。请大家想想，空调在很远的地方，要怎么关闭空调呢？

活动1　远程控制，感知物联网

远程控制：将空调运行状态通过摄像头呈现在屏幕上，手机界面一并呈现，演示操作手机 APP 关闭空调。

想一想：身边还有哪些像这样可以通过网络进行连接的物品，它们和普通物品有什么不一样？

总结：通过网络进行连接并控制的物品有很多，比如，手机和共享单车、摄像头、智能手环、智能电风扇……都可以通过网络建立连接，手机是物体，共享单车、摄像头、智能手环等也是物体，这么多的物体通过网络连接在一起，就组成了一个新的网络。

设计意图：课堂初始利用智能家居设备，从生活中的具体应用导入，初步建立物联网的概念，为后续的学习埋下伏笔。

（二）视频学习，了解物联网

观察老师手上戴着的运动手环，想一想它有哪些功能，这些功能是如何实现的？

活动2　视频学习，了解物联网

（1）看视频，思考以下问题：

① 手环通过什么器件记录运动的轨迹？又是通过什么器件记录运动步数的？（安装了加速度传感器和 GPS）

② 无人超市通过扫描什么来获取商品的价格、产地等信息？又是通过什么设备监控、识别顾客的异常购物行为的？（电子标签和摄像头）

电子传感器、GPS、电子标签、二维码、摄像头等都是信息感知设备，就好比人的听觉、嗅觉等感官，可以感知信息。比如，声音传感器就好比人的听觉，温度传感器好比人的触觉，红外传感器好比人的视觉，等等，物体加入信息感知设备，就能连入网络进行信息的交换和通信了。

（2）完善物联网概念：物联网是物体与物体通过信息感知设备，按约定的协议相连接，进行信息的交换和通信，以实现对物体智能化的识别、定位、跟踪、监控和管理的网络。

设计意图：物联网中的"物"是智能的物，通过观看视频，帮助学生理解信息感知设备使得这些物"拥有理解和传输信息的能力"，从而成为智能的物，再通过对概念的梳理与释疑让学生真正理解物联网的概念。

（三）动手实践，理解物联网

过渡：如何进行智能化的识别、定位、监控和管理呢？让我们一起来实验吧！

活动3　认识实验器材

（1）取出实验器材，观察器材。

看一看，说说你们组要用到哪些主要器材？哪些是感知设备？

设备1 实验单
实验名称：_____
实验器材（选择）：
□主控板 □红外对射传感器 □声音传感器 □温度传感器
□OLED 显示屏 □语音播报模块 □舵机驱动模块 □LED 灯
□WIFI 模块 □蓝牙模块
猜想：是_____传感器感知到小车靠近大门。

	设备 2 实验单 实验内容：_____ 实验器材（选择）： □主控板　□红外对射传感器　□声音传感器 □温度传感器 □OLED 显示屏 □语音播报模块 □舵机驱动模块　□LED 灯 □WIFI 模块　□蓝牙模块 猜想：是_____传感器感知声音的。是_____传感器感知温度的。

（2）小组讨论：这里的感知设备相当于人的什么感觉器官，人是如何智慧地处理问题的？

我们观察到通过红外对射传感器、温度传感器声音传感器等信息感知设备来进行信息的感知，就好比人的听觉、嗅觉、触觉等，比如我们的耳朵感知到声音通过神经系统传输给大脑，大脑经过处理再发出相应的指令。

过渡：有没有像大脑一样的设备根据信息发出相应的指令呢？我们带着这些疑问再次实验。

活动 4　实验操作，理解物联网工作过程

（1）指导实验，明确步骤；

（2）分组活动，感受物联网的工作过程；

（3）分组汇报：实验记录；

（4）引导类比：物联网的工作过程相当于一个人智慧地处理问题。

（5）交流：用自己的话说一说物联网的工作过程。

总结特征：信息感知、信息传输、智能应用，就是物联网的特征。

	设备 1 实验单 实验步骤： ① 分工协作（操作、观察、记录、汇报）； ② 打开小组对应的物创云平台网址准备观察数据； ③ 将小车移到识别区，观察设备、数据有哪些变化？ 实验记录：□红外对射 □温度 □声音　传感器感知到小车靠近大门，将获取的信息通过□数据线 □蓝牙 □网络　给主控板，智能处理，自动_____、语音_____、LED 灯____。 通过□数据线 □蓝牙 □互联网　与计算机相连，将获取的信息_____给计算机。

	设备 2 实验单
	实验步骤： ① 分工协作（操作、观察、记录、汇报）； ② 将平板电脑与小组对应的设备相连，打开数据页面准备观察数据； ③ 对着识别区大声说话、哈气，观察设备、数据有哪些变化？ 实验记录：□红外对射 □温度 □声音　传感器感知到声音的大小，将获取的信息通过□数据线 □蓝牙 □网络　给主控板，智能处理，自动_____、语音_____、LED灯____ 通过□数据线 □蓝牙 □互联网　与平板电脑相连，将获取的信息_____给平板。

设计意图：初步感知物联网后，学生对物联网的认识仅仅停留在概念层面，还不能理解物联网的本质。借助实验，让学生亲身经历信息的获取、传输与处理这一完整的过程，再将其与"人处理信息的过程"进行类比，得出物联网"信息感知、信息传输、智能应用"三个基本特征，变抽象为形象，从而深刻理解物联网的工作过程。

（四）智慧生活，体验物联网

活动 5　线上体验，交流感受

过渡：物联网生活是什么样的呢？打开桌面上的"物联网体验"快捷方式，让我们一起体验物联网生活的智慧。

体验要求：

（1）每组选择 1 个主题体验；

（2）交流：小组推荐一名成员说说你们组认为最具智慧的场景。

设计意图：通过对物联网应用的体验，感受物联网技术的神奇与魅力，激发学生创新的欲望。

（五）畅想未来，展望物联网

想象：创新设计一款能够解决生活实际问题的物联网应用。

鼓励学生：老师听到很多有意义的创想，同学们，生活不止想象，未来为你们而来！老师坚信很快会用上大家创造出来的物联网设备！

设计意图：让学生展开丰富的想象，描绘未来美好的生活。激励学生现在努力学习科学技术知识，未来开发更多物联网产品与应用，为人类造福。

（六）思维导图，总结物联网

师生总结：用思维导图理清物联网的概念、特征、应用和前景（如图 1）。

这节课我们一起走进了物联网，学习了物联网的概念，认识了物联网的特征，还了解了物联网的应用。展望物联网，其前景是：万物互联，智慧地球，这一切将由你们来创造！

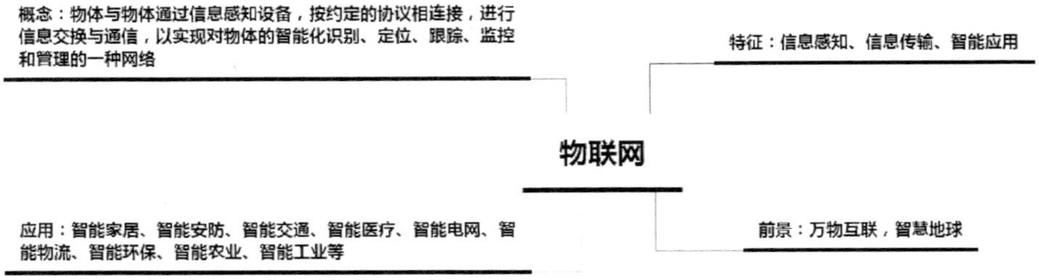

概念：物体与物体通过信息感知设备，按约定的协议相连接，进行信息交换与通信，以实现对物体的智能化识别、定位、跟踪、监控和管理的一种网络

特征：信息感知、信息传输、智能应用

物联网

应用：智能家居、智能安防、智能交通、智能医疗、智能电网、智能物流、智能环保、智能农业、智能工业等

前景：万物互联，智慧地球

图1

（滨海县淤尖实验学校　姚成民）

3.5　计算思维的评价方法

3.5.1　国外计算思维的评价方法

很多国外学者认为，评价计算思维学习结果的具体表现程度，需要使用基于实证和数据的评价方法。常见的评价方式主要有如下几种：

（1）作品档案袋分析法，即通过将作品档案袋（包括一段时间内完成的编程作品）输送至一种专门用来分析编程作品中代码块使用频度的可视化工具，就可以产生每个作品已用或未用代码块的可视化图示，由此来分析计算思维的发展历程与代码块使用偏好。

（2）基于编程制品的访谈法，指教师设计包括背景、作品创建、在线社区和未来展望在内的四组访谈问题，以了解学生利用编程工具做什么、如何形成作品创作的最初想法、如何应对作品创作中的困境、如何与其他用户互动等信息。在访谈中，被访者选择两个自己创作的作品，与研究人员进行深入交流，从而了解学生在创作作品过程中的细节，尤其是详细了解学生的计算实践。

（3）情境设计法，指研究者事先设计三组复杂度不断递增的编程项目，作品涉及相同的概念和实践，但有不同的美学感受，以吸引不同的兴趣者。在访谈时，向被访者呈现预设情境，然后要求被访者从一组项目中选择一个作品来完成以下4项任务：① 解释所选的作品；② 描述它的拓展；③ 修正错误；④ 通过增加功能来再创作作品。这4个活动分别对应一些独立的活动（展示、评论、调试、挑战和再创作）。

以上评价方式的优缺点及其评价侧重点如表 3-1 所示。

表 3-1　国外计算思维的评价方法

国外计算思维的评价方法	优点	缺点	评价计算概念/计算实践/计算观念的侧重点
作品档案袋分析法	反映出评价的形成性特点	完全面向作品，没有揭示作品制作过程；专注计算概念，没有反映任何计算实践方面的信息	可视化的代码块使用频度侧重评价计算概念；不能评价计算实践和计算观念
基于编程制品的访谈法	更好地理解 SCRATCH 设计者能否流畅使用特定概念；将分析焦点从作品转向过程，有助于了解 SCRATCH 设计者的计算实践	费时，讨论受制于 SCRATCH 设计者的回忆，不能实时探究他们的计算实践	基于自身真实的设计经历，侧重评价计算实践；很难通过直接询问来评价计算观念
情境设计法	情境提供了系统探究知识的不同方式，如评论、拓展、调试和再创作，以及不同概念和实践的流畅性；设计情境逐步递增复杂度，突出了发展性和形成性；情境强调了行动中的过程，访谈者能够观察到 SCRATCH 设计者所用的设计实践和调试策略	费时，尤其是调试和拓展活动；问题的特征以及使用外部选择的项目可能不能联系个人兴趣和学习者的内在动机	使用实时、新颖的外部项目情境，侧重评价计算实践；很难通过直接询问来评价计算观念

3.5.2　国内计算思维的评价方法

国内学者多认为，计算思维培养的核心内容，其实就是方法的训练习得和思维的迁移养成。由于计算思维是对问题求解的思维过程，而问题是在情境中产生的，所以大多数评价方式都是在一定情境设定下开展的。在中小学信息技术课堂中，较为贴近学生计算思维最近发展区的主要是利用文本话语分析、题目测试、图示分析和行为分析等实证方法进行评价。

（1）文本话语分析是指从学生的语言和文字描述中发现学生的思维变化，主要通过访谈或有声思维的形式开展。该分析方法主要关注学生在计算概念和计算实践两个维度的变化，同时在一定程度上也能检测学生计算观念的变化。

（2）题目测试指采用选择题和问答题的方式，在课程教学的某个阶段对学生进行测试，分析结果能及时地反馈给教师和学生。目前，这种分析方式的使用频率最高，操作便利，一定程度上可以兼顾学生学习的过程信息，但测试题目的设计非常关键，需要根据一定的理论或评价标准加以拟定。

（3）图示分析和行为分析以计算实践的评价为主。这两种评价方式主要关注学生的思维过程和行为表现，分析难度最大。图示分析主要采用流程图或伪代码的方式，反映学生解决问题的逻辑方案和思考路径。行为分析是从学生的学习行为出发，分析学生在实践过程中的问题解决，以及纠错、再利用过程，分析学生解决问题的路径，观察学生对各个模块的应用，评估学生在计算概念和计算实践上的表现。

以上评价方法的优缺点及其评价侧重点如表3-2所示。

表 3-2　国内计算思维的评价方法

国内计算思维的评价方法	支持工具	关注点	优缺点
文本话语分析	访谈、交流	计算概念、计算实践、计算观念	优点：关注学生对计算思维的深度表达 缺点：耗时，被采访者可能出现记忆缺失
题目测试	测试题	计算概念、计算实践、计算观念	优点：能清晰地反映学生在学习前后的计算思维变化，易于分析并可及时给出反馈 缺点：题目设置存在难度，需要验证测试题的有效性
图示分析	流程图、伪代码	计算实践	优点：表达学生的思维过程 缺点：学生没有进行图示表达的基础，分析难度较大
行为分析	录屏、直播	计算实践	优点：详细记录学生的过程信息 缺点：耗时，分析难度大

在整个教学实践中，学生们的学习热情很高，主题讨论也非常积极，师生之间有着良好的互动性。从整体来看，学生的计算思维水平均得到了有效提升，其中五年级最为显著。总之，基于"计算思维"能力培养的研究，不但提高了学生的学习积极性，更重要的是培养了学生初步形成正确的"思维"方法和解决问题的能力。

以上计算思维的评价方法各有优缺点，其评价的侧重点也有差异。由于计算思维是学生在不同情境下、借助不同的支持、带着不同的学习动机、经过不同的时间跨度而发展起来的，因此对学生计算思维的评价应该综合使用多种方法，通过支持后续学习、结合编程制品、阐明实践过程、设置多个检查路径点、探究知识的不同方式、包容不同评价参与者（自身、同伴、家长、教师）的观点，才能有效地评价学生的计算思维的学习结果。

第 4 章　设计思维与创新

4.1　设计思维的概念及其内涵

"设计"是一种创造性的规划活动，其目的是为事件、过程、服务，以及在整个活动周期中所构成的系统建立一个高效的组织方式。设计思维，源于英文单词 Design Thinking，也称为设计思考，最早可以从 Simon 在1969 年出版的《人工科学》一书中看到。在 Simon 看来，人们并不能总是从自己所接受的教育中找到最佳的问题解决策略，也没有足够的能力存储所有信息以帮助其在需要的时候找到最佳策略。他认为人的大脑是人们用于思考的环境，在学习过程中，学习者经过思考之后形成的理解性学习会远远强于死记硬背的学习，而且容易迁移到新的学习中。因此，他提出，学校的核心任务在于引导学习者学会思考如何设计，进而创造出更多的与自然相融合的人工制品。1987 年，Rowe 提出了设计思维的概念。其后，设计思维被广泛应用于工业、美术、工程、建筑与商业等领域中。到 20 世纪末期，一些国家和地区的教育机构日渐意识到，教育领域是一个最为巨大且综合性最强的人工系统，因此需将设计思维引入教育系统才能解决许多教育的根本问题。

我们可以从以下几个角度来描述其基本内涵：

（1）设计思维是一套关于创新式解决问题的方法论体系。Buchanan 认为，在现实中存在一些"刁难"问题，这些问题可能是一些困难、复杂的问题，或者是完全不确定的社会系统问题，通常不存在唯一的解决方案，它需要考虑和权衡多种影响因素，设计思维可以为"刁难"问题寻找具有创造力的解决方案。Razzouk 与 Shute 认为，设计思维是一套启发式规则、一系列步骤或策略，它能指导人们解决复杂或"刁难"问题，并制作具有创新性的产品。Coley 认为，设计思维是用来指导人们解决现实问题的一种结构化方法，这种方法包括研究、分析、头脑风暴、创新和发展等，以帮助人们提出创造性的解决方案。

（2）设计思维是一个分析、创造的过程，它包括对问题的探索，对解决方案的构思、制作、评价等环节。蒂姆布朗认为，不能把设计思维简单地看作是一种分析式思考，它是一种灵感、构思、实施的过程，发现本质生活化，构思过程专业化，执行成果普遍化，其中，思考过程包含洞察力、观察和换位思考三大要素，以及可行性、延续性和需求性三大准则。Norman 认为，设计思维是一个创造性的过程，包括定义问题、提出并制作解决方案、评估结果等环节。

（3）设计思维是设计者区别于他人的一种复杂的思维能力。Dunne 与 Martin 认为，设计思维就是设计者思考的方式，是他们在设计物品、服务或系统时的一种心理过程，而非他们设计的典雅、有用的产品等结果。国内许多学者也将设计思维看作是一种能力，认为设计思维是设计者设计制品的思考方式。

究其本质，无论哪种说法，都是设计思维方法体系的投射与应用。设计思维就是利用设计师的敏感和思维方式，为学习者提供的一套支持设计创新的"使能"方法论，即通过提供适切的思维支架及方法支持，引导学习者从定义问题开始，充分发挥现有材料、科学技术的优势，逐步掌握创意构思、原型迭代、测试等一系列创新方法技能，最终实现问题的创新解决或产品的创新设计。

4.2　基于设计思维的问题解决过程

基于问题解决理论的设计思维研究将设计看作创新问题解决过程。设计者被看作问题解决者，设计实践开始于问题，结束于为问题给出解决方案，通过识别、理解、探索、定义和解决问题实现创新产品的设计。设计思维作为一个可以有效培养学习者元认知的工具，在具体方法策略上，其为学习者提供了一套系统的模式，学习者通过它能够学会如何换位思考、创意构思、原型迭代等技能，使创新设计变得简单、透明、有"法"可依。比较经典的有斯坦福设计研究院的 EDIPT 模型和 IDEO 设计思维模型等。

4.2.1　斯坦福大学 EDIPT 设计思维模型

斯坦福设计研究院的 EDIPT 模型（见图 4-1），包含同理心、定义问题、构想、原型和测试 5 个阶段，每个阶段都包含不同的目标、实施原则、具体方法工具等。值得注意的是，该思维模型的五个阶段步骤并不是线性的关系，而是非线性的，即使用者可以在任何时间段重复整个过程或是某些特定的阶段。

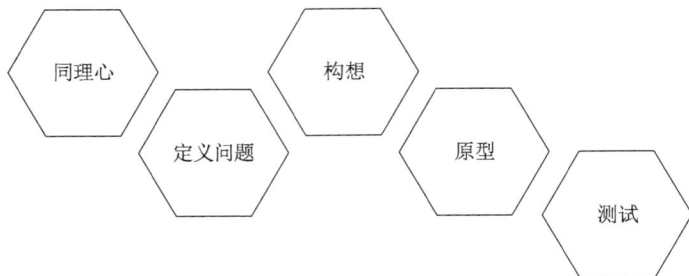

图 4-1　EDIPT 模型

1. 同理心

同理心又叫换位思考，指站在对方立场体会他人的情绪和想法、设身处地思考的一种方式。它是设计思维中强调以人为中心的最核心环节，其核心目标是为了了解目标受众的需求，为接下来的定义和解决问题奠定基础。同理心的过程包括对目标受众进行观察、参与、倾听等。常用的方法工具有：观察、深度访谈、档案数据分析、KANO 模型等。

2. 定义问题

对问题进行界定，也就是信息整合的过程。即需要在看似混杂、无序的信息碎片中努力寻找尽可能多的需求点，并对其进行思维加工，从而定义出一个有意义且可行的问题。在该过程中常用的方法工具有：同理心地图、五问法、KJ 法等。

3. 构想

该阶段是一个集思广益的过程，通过各种方式刺激更多想法的生成。在整个创想过程中，"延缓评判"是一个非常重要的原则，即既不能对他人的观点做出评论，也不能轻易否定自己头脑中萌生的想法。该阶段常用的方法工具有：头脑风暴法、SCAMPER、九宫格法、KJ 法、世界咖啡、六顶帽子等。

4. 原型

原型就是充分利用身边唾手可得的材料快速将想法表现出来的过程。通过不断的创建、测试和迭代修正模型，越来越靠近用户的需求，逐渐生成更佳的解决方案。在实施过程中要特别注意"快速"这个原则，即快速实现功能的完善，不纠结于材料的选择和模型的完美度。常用的表现形式有：模型、情境故事、电影、手绘图、软件设计、3D 打印等。

5. 测试

测试是为设计者提供用户反馈的一个过程，它虽是该模式的最后一步，但并不意味着整个设计过程的终结，它可以为设计者指引一个更接近正确的方向。该过程由目标受众完成，通过回到最初的用户群体，测试想法并获得反馈。实施过程中要注意让真实用户参与体验，不断询问开放性问题，仔细观察用户表情及肢体语言等，以获得更多的潜在信息。常用的方法有：问卷调查法、观察法、访谈法等。

在 K－12 领域应用过程中，EDIPT 模型逐步扩展为 IDEO 模型（见图 4-2）。扩展步骤有 6 个：第一步是理解挑战。学生沉浸于学习挑战之中，通过与专家交流，运用多媒体工具获取相关信息进行探究，形成关于设计挑战的基本背景知识，并设身处地思考他人面对挑战问题时的感受，以此作为进一步明确设计挑战的跳板。第二步是观察。学习者进入设计挑战所处的真实环境中进行参观、互动与反思，形成基于该情境下的同理心，为解决设计挑战打下基础。第三步是整合观点。在理解和观察的基础上，学习者对所获取的信息等进行整合。第四步是设想。学生通过头脑风暴发表自己的观点、评价他人的观点，重点是形成应对挑战的可能方案。第五步是原型制作。依据解决方案，通过原型制作将观点、想法可视化，制作出三维的实物原型。原型不必非常精确，其核心在于体现设计的思路及对学习挑战的解决方案。第六步是测试。测试目的在于明确观点原型的优势与劣势，并不断地迭代改进。

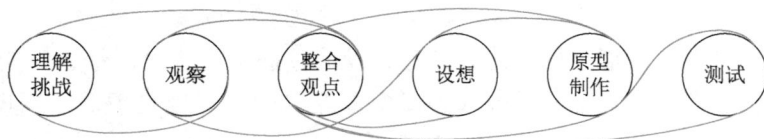

图 4-2　IDEO 模型

4.2.2　IDEO 设计思维模型

世界著名设计公司 IDEO 将设计思维定义为"用设计者的感知和方法去满足在技术和商业策略方面都可行的、能转换为顾客价值和市场机会的人类需求的规则"，并认为设计思维是实现创新的新方法和新途径。该公司在《教育者的设计思维》一书中描述了 IDEO 设计思维模型（见表 4-1）。该模型旨在实现教与学向以学习为中心和个性化方向发展，为学习者创造一种

21 世纪学习经历，并不断提升学习者的 21 世纪技能。

表 4-1　IDEO 设计思维模型

① 发现	② 解释	③ 设想	④ 实验	⑤ 改进
我面临一个挑战，我该如何了解它？	我了解了相关信息，我该如何解释它？	我找到了解决机会，我该如何做？	我了解了解决方法，我该如何实现？	我尝试了新的东西，我该如何改进？
1-1 理解挑战 1-2 探索准备 1-3 收集想法	2-1 故事分享 2-2 意义寻找 2-3 框架设计	3-1 观点收集 3-2 观点优化	4-1 制作原型 4-2 获取反馈	5-1 反思学习 5-2 继续前进

IDEO 模型包括 5 个阶段：第一阶段是发现，即通过一定的技术手段和方法深入了解所面对的学习挑战，通常包括理解挑战、探索准备和收集想法三个方面。第二阶段是解释，即将所收集的信息建构为自己解决挑战的知识，包括故事分享、意义寻找和框架设计三个方面。第三阶段是观点设想，即依据对相关挑战信息的解释，采用快速想象的方法，收集新奇的观点和想法，为应对挑战提供可能的解决方案。该阶段包括观点收集和观点优化两个方面。第四阶段是实验。本阶段需要思考的主要问题是如何实践方案，包括制作原型和获取反馈两个方面。第五阶段是改进。改进是基于前四个阶段获得的信息，并在此基础上不断完善每一个学习阶段。该阶段包括反思学习和继续前进两个方面。

综上分析发现，设计思维模型具有以下特点：一是以解决真实情境中劣构、复杂、真实的问题为出发点，为解决问题提供一种操作流程或方法；二是关注人工制品（模型）制作，强调将所获得的知识、经验、信息通过可视化（实物）的形式展示出来；三是设计过程反复迭代，通过多次反馈、修正不断完善人工制品，实现知识反复应用和强化；四是倡导小组间的合作、公开分享和多种技术工具的应用；五是有利于学习者高级思维能力的发展，包括协作能力、问题解决能力和创造创新能力等。基于上述特点，设计思维在教育领域得到广泛应用。

4.3　设计思维的外在表现

草图和设计固化是设计思维的主要外在表现。草图行为贯穿整个设计过程，是设计者思维状态的直观外显方式。设计固化作为阻碍设计创新的常见现象，从设计效应（产物创新局限性）方面外显了设计者的思维特性。

4.3.1　设计草图

草图是设计思维的主要外在表现。草图行为贯穿了整个设计过程，是设计者思维状态的直观外显方式。在设计中，除了作为外部表征和记忆的扩展对核心的概念进行记录以外，草图还有助于激发概念的产生。草图中蕴含了设计者画图时并未注意的灵感，设计者在设计过程中会根据草图提供的原始意象与草图"对话"，激发、引入设计主体长时记忆内的、与该设计主题相关的信息，对原草图进行重新解释，促使新意象在头脑中形成，激发新的创意。这种通过草图交互意象的行为是一种理性的推理模式，以概念和意象交流的直接系统改变为特点。在设计实践中，设计者必须学会善用而不是忽视草图带来的直觉视觉。

设计者的草图行为中蕴含的思维模式和组件是设计思维领域研究的热点。研究人员从草图行为中归纳出一系列思维规律。草图具有模糊性和非结构性特征，这些特征导致设计者对草图重新解释，推动设计持续进行，激发概念的产生和完善。草图行为进行、持续的过程可以归纳为产生原始意象→重新解释原始意象→新意象产生和评估→再重解释新意象→……组成的循环逻辑思维过程。绘图和草图重解释将外界信息引入设计主题。草图意象感知为设计获得原始信息，是设计的开始；草图的重解释将绘制草图时未注意到的、与设计相关的外界信息引入设计过程，激发新概念（新草图）的产生。设计者在草图过程中显示的思维模式是联想、绘图、再次联想、再次绘图的循环逻辑推理过程。这一现象所体现的思维过程本质上是从原始意象到目标意象的类比过程。

草图行为在设计中发挥着积极的作用，甚至必不可少。草图作为设计思维的研究热点，必然会获得更多的关注和涌现更多的研究成果。

4.3.2　设计固化

设计固化是指在设计过程中，受现实或感知约束的影响，设计方案拘泥于有限的设计想法的设计现象。设计固化常发生在设计师经历过一个设计实例后，再创建一个具有类似于该实例特性的新产品时。也就是说，设计方案易受到以前的实例和设计者最初想法的影响，因此设计固化可能导致设计方案类型减少、新颖性降低。

设计固化在设计进程中的作用具有两面性：在创新性要求不高的设计任务中，设计者能够快速发现设计方案，节约时间成本；但在创新性设计中，设计固化可能导致设计产物受已有设计的负面影响，阻碍设计创新的产生。创新设计中造成设计固化的外在原因通常是，在认知负荷过高的设计情景中，设计者无意识地、不恰当地使用了过去的知识。心理学领域用记忆的网状模型解释了设计固化产生的原因：在记忆网状模型中，一个节点表征一个概念，当实例激发节点中的概念时，与最初想法直接相关的节点被激活的概率更高。根据设计固化的产生机理，通常使用减缓设计固化的材料、团队协同设计或设计初期对设计者的思维进程进行简短的打断，来减少创新设计的设计固化现象。

设计固化现象的相关研究成果表明，设计者的记忆存储结构更倾向网状，且工作记忆的有限容量使得设计者面对复杂设计任务时认知负荷过高。进一步研究设计固化现象的内部机理，对于理解设计思维内部工作机制和结构具有重要的意义。

4.4 设计思维的影响因素

4.4.1 知识和经验对设计思维的影响

知识和经验对设计思维的影响一直是设计领域研究的重点。知识和经验通过改善记忆组块容量，促进更有效率的思维技巧和设计策略等设计工具的应用，扩充设计关注领域，进而主动扩展方案搜索空间和问题定义空间等，促进设计者设计思维状态改善、激励设计创新的产生。

4.4.2 设计刺激对设计思维的影响

设计刺激的目的是通过主动提供系统或随机刺激，帮助设计者快速获取有创新性的设计方案。设计刺激是设计想法或概念的触发器或跳板。设计文献研究成果显示，设计刺激的类型有视觉刺激（图片、草图、颜色等）、文字刺激（单词、词组、故事等）等。多数设计刺激通过触发精神意象、扩展思维路径、促进识别有用信息等方式提升设计方案的创新性；丰富的刺激类型比单一刺激类型更易改善设计的创新性；创新性设计任务比实用性设计任务更易受视觉刺激的影响。从设计刺激出发，产生新设计概念的思维进程是解释问题、在记忆中搜索和采纳相关知识的过程。从认知效率上很容易解释设计刺激的有效性：设计刺激是设计者只需付出很少的努力就能利用的线索和机遇，是设计进程理所当然的起点。综上所述，设计刺激通过减少获取设计起点的认知难度、引入有用信息、快速扩大搜索空间等来改善设计思维的进程，从而促进设计创新的产生。

4.4.3　设计工具对设计思维的影响

设计工具用于外显化设计概念和心智意象，也用于辅助概念的产生。常用的设计工具包括基于纸笔的徒手作图、语言、设计原型、数字化设计工具（如基于计算机的设计软件和系统）等。关注设计工具对设计思维影响的研究较多，有促进或阻碍创新设计思维之分。创新设计过程具有模糊性、不确定性和平行思维特性，因此具有同样特性的徒手作图和粗糙原型比 CAD 工具和精确原型更能激励创新。它们通过补充设计者的心智模型、减少认知负荷、鼓励探索新行为、快速剔除不符合要求的方案等原理，更有效地探索创新设计空间，孕育创造力，增强视觉思维，促进设计思维的流动进程，达到促进设计创新的目的。不恰当地使用数字化设计工具可能会阻碍设计创新的产生，但数字化设计工具对设计创新的促进作用也在逐步增强。

4.5　设计思维与创新能力培养

在全球经济高速发展和科学技术不断进步的时代背景下，创新能力已经成为国家核心竞争力的重要组成要素，"创新"逐渐成为当今时代的鲜明特征。开展创新教育，培养创新意识、思维和能力，打造创新型人才，是创新时代对教育的新诉求。创新人才的竞争成为国家综合竞争力的关键，创新人才的培养成为当前教育关注的重点问题。如何培养适应时代发展的创新型人才来支撑创新时代的变革，是当前教育界面临的巨大挑战。

设计思维是运用思维方法、创新手段，实现最终设计、解决问题的思考过程。近年来，设计思维已经发展成为一种被广泛采用的、有影响力的高效的创新手段，是培养创新思维的有效方法。国外提倡采用设计思维进行教学，作为专门针对创新人才培养的一种新型教学方式。将设计思维的理念用于学科教学中，团队成员深入分析确定研究问题，依靠团队的智慧提出各种解决方案，通过制作原型、测试筛选验证其可行性，确定最终的问题解决方案。基于设计思维的创新人才培养模式，已经成功地为世界著名设计公司 IDEO、苹果公司等培养了一大批优秀人才，贡献了丰硕的创新成果。

近年来，国内一些研究者也开始探索将设计思维应用于具体的创新实践。例如，2016 年清华大学"城市创变客"暑期工作坊提供国际前沿的设计思维和实践训练，不同背景的学生组成跨学科团队，进行实地观察和体验城市社区、交通、环境、健康、文化面临的现实问题，通过设计思维来探究"人本城市"的发展趋势，并与创新型企业和社会机构密切合作，将创新理念转化为推动城市变革的解决方案，融合设计、科技与商业的多维视角，完成创新产品与服务的原型设计或规划，彰显学生改变世界的创新力。

4.6　设计思维在信息技术教学中的应用

设计花瓶
——生活中的旋转体

一、教材分析

本课是苏科版《小学信息技术》五年级第 22 课，也是 3D 建模单元的第 4 课，属于"信息技术基础"模块中的"信息的加工与表达"的学习内容。教材将学习内容分为三部分：① 绘制花瓶的半剖面；② 使用拉动中的"旋转"工具进行完全拉动，再使用"壳体"工具进行去壳；③ 使用"表面曲线"美化花瓶。教材中以"花瓶"为项目，由于教材中的花瓶属于旋转类模型，教师对教学内容进行二次开发，选用"生活中的旋转体"作为本课的主线，帮助学生体验小小工艺师的神奇。

不同的成品应有不同的抽象、设计与建模的系统性解决方案，这是三维设计与创意的难点。根据设计需求分析绘制半剖面草图，选择相应的拉动工具是本课的难点，只有解决了这个难点，才能真正深入理解三维空间的概念，拓展三维立体模型的设计思维，掌握三维建模的方法，不断激发创新欲望。

二、学情分析

本课的学习者是小学五年级学生，他们思维活跃、愿意去观察和思考，具备一定的三维空间想象力，对于 3D 建模充满好奇心和求知欲。本阶段学生同时也具备了基本的计算机操作技能，掌握了常见的绘图软件的使用。学生通过本单元前面三课的学习，已经了解了 DSM 软件的功能、掌握了软件的基本操作和 3D 建模的基本方法，能够通过直接拉动得到三维模型。因此，本课的操作技能对学生来说是比较容易掌握的。但是，学生在三维设计与创意制作中所需的思维能力、设计能力和创造能力方面比较欠缺。

三、教学目标

"双基"层：学会使用拉动旋转制作3D模型；能够通过表面曲线工具美化模型。

问题解决层：能够运用拉动中的旋转工具实现更多的旋转类模型的制作，灵活选择不同方式美化模型，将自己的创意想法变成现实。

学科思维层：能够通过三维设计与制作解决学习生活中的实际问题，在主动探索研究的过程中形成高阶的设计思维和创新能力。

四、教学重难点

教学重点：运用旋转拉动建模的方法。

教学难点：依据成品所需的不同抽象、设计与建模的系统性解决方案。

五、教学策略

新课标背景下，强调学生核心素养的发展，课程的设计应该更多地关注学生高阶思维的培养，而并非机械的技能训练。三维设计与创意的核心内容应该是设计与建模，在设计制作的过程中，学生需要发散思维，思考设计内容，并根据设计需求选择合适的制作工具，掌握复杂的学科知识，提高学生的思维能力、设计能力、动手能力和创造能力。

基于"让学引思"的课堂理念，根据学生的实际情况和教学内容，引领学生亲历"感受旋转魔力，激发创作欲望""范例研习，总结特征，分析方法""前期设计，绘制草图""运用旋转拉动，实现三维立体""美化装饰，实现个性化""展示作品，思维导图，拓展延伸"等环节开展学习活动。以玻璃花瓶、陶瓷拉坯、工业模具等制作过程的真实情境为切入口，通过对范例的研习，归纳总结出旋转类模型的特征，抽象出旋转类模型的基本图形，分析出二维图形变成三维立体的建模方法，根据设计需求绘制出二维草图，再利用旋转工具实现建模操作，最后美化模型，实现个性化。整个学习活动以设计思维为基础，学生沿着"具体—抽象—方法—设计—建模—美化"的流程展开学习，实现学生的主体地位，培养学生的思维能力、设计能力和创造能力。

六、教学过程

（一）感受旋转魔力，激发创作欲望

热身小游戏：播放视频，脑力、眼力大考验，猜一猜（如图1）。

图 1

提问：它们在制作的过程中都用到了哪个相同的动作？（旋转）

揭示课题：生活中不少器物的制作都会运用到旋转，今天老师也想带领大家借助旋转的魔力，在 3D 软件中构建模型制作生活中的旋转体。

设计意图：以玻璃制品、陶瓷拉坯、工业模具等制作过程的真实情境为切入口，让学生了解生活中的旋转体，体会通过旋转的手法可以制作出意想不到的模型，激发学生创作的欲望和热情。以学生生活为轴心，将技术进行生活化的转变，让生活又融入教育的元素。

（二）范例研习，总结特征，分析方法

1. 观察模型，探究特征

想要制作旋转体模型，首先要了解它。以花瓶模型为例，利用 Flash 学件，自主探究，归纳特征。

活动1 范例研习，完成"学习单1"

如图 2 所示。

> **学习单 1：探究特征**
>
> 1. 从前、后、左、右视角观察，我发现花瓶的形状：
>   □相同　□不相同
> 2. 从上、底视角观察，我发现花瓶的形状呈：
>   □圆形　□方形　□其他
> 3. 观察花瓶的外观，我发现花瓶：
>   □粗细一样　□粗细不一样
> 4. 我还发现花瓶是绕着一条线旋转的：
>   □是　□否

图 2

汇报总结特征：剖面、半剖面、圆形、曲线、旋转……（如图 3）

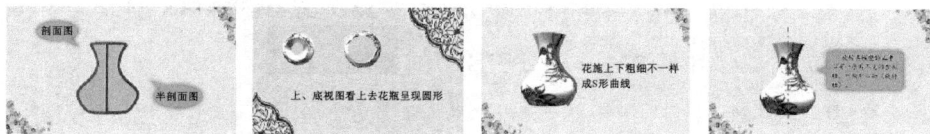

图 3

小结：今天我们所要制作的旋转类 3D 模型基本上都具有这些共同特征。

2. 分析方法

过渡：通过前几节课的学习，我们知道，要制作 3D 模型必须先绘制二维草图。

提问：① 这里我们需要绘制怎样的二维图形？② 用什么方式实现二维图形变三维模型呢？

利用几何画板演示动画，师生共同探究建模方法（如图 4）。

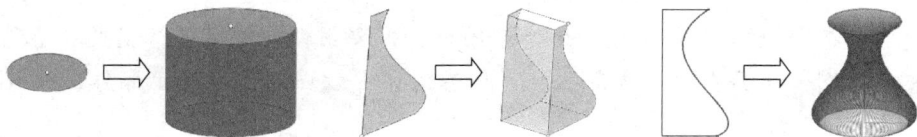

图 4

小结：要制作类似花瓶这种旋转类 3D 模型，需要先确定前视角的半剖面为二维图形，再绕着中心轴旋转 360 度。（板书）

设计意图："核心素养"不是直接教出来的，而是在问题情境中借助问题解决的实践培养起来的。不同的产品应有不同的设计与建模的方法，这是三维设计与创意的难点部分，因为学生只有确定好合理的方法，才能选择相应的工具来实现 3D 建模。学生利用 Flash 学件自主探究、观察思考，通过对立体模型的解构和抽象，总结出将要设计的旋转类模型的形状与特征，抽象出基本图形，再利用几何画板的动画演示操作，通过对基本图形的分析和想象，讨论出基本图形变成三维立体的方式，学生经历"观察—抽象—尝试—讨论—方法"，在解决实际问题的过程中理解三维空间的概念，形成三维作品的基本思路。

（三）前期设计，绘制草图

1. 设计模型

好的 3D 模型离不开前期的精心设计，生活中的旋转体形态各异，有花瓶、酒杯、茶盏、碗、盆、帽子、研磨器等，接下来请设计你自己的旋转体，在"学习单2"中画一画你想要制作的旋转体的剖面图和半剖面图。

活动2 设计模型，在"学习单2"上画一画

如图5所示。

学习单2：前期设计		
设计生活中的旋转体模型，画一画	剖面图	半剖面图

图5

学生设计，教师巡视指导。

2. 绘制二维草图

活动3 在3D软件中绘制半剖面草图

要在3D软件中绘制这样的二维图形，需要用到哪些草图工具呢？（利用"草图"工具中的"线条"和"样条曲线"按钮，教师演示操作，并提示注意点）

设计意图：因为设计思维是使一个理解透彻的想法得以顺利实现的基础，是3D建模的关键，所以一件优秀的3D作品成型伊始应该是前期的设计。在整个三维模型的创建过程中，需要二维平面设计的融入，通过前期设计，学生将思维中的立体模型以画一画的方式，在3D软件中绘制旋转类模型的半剖面草图，培养学生三维设计与创意所需要的设计思维。

（四）运用旋转拉动，实现三维立体

提问：二维草图已经绘制完成，DSM软件中什么工具可以实现二维图形变成三维模型？（拉动工具）

单击拉动工具，观察拉动工具中的哪一种拉动方式可以实现旋转变身？（旋转拉动，探究"旋转拉动"，教师演示操作步骤）

活动4 运用"旋转拉动"制作三维立体模型，并对模型进行插入壳体操作（插入壳体之前已经学习，注意选择的面必须是模型的开放面）

教师巡视指导，展示学生作品，学生自评与互评相结合。

小结：旋转拉动中，选择的旋转轴不一样，旋转出来的模型也是千变万化的。同学们可以利用你们的三维空间，在你们的小脑袋里想象出立体

模型，确定好旋转轴；如果选择错了也没有关系，可以撤销操作，再次尝试。

设计意图：确定好设计方法后，建模是学生能够迅速直观地感受三维设计魅力的操作过程。引导学生主动发现"拉动工具"中的"旋转命令"，提示操作注意点，通过对不同成品的分析，强调旋转轴的确定，鼓励学生大胆地尝试制作，让学生在动手制作中清晰自己的想法和思路。

（五）美化修饰，实现个性化

旋转体模型已经初见雏形，要想作品更加个性化，还可以在模型的表面添加一些装饰。请同学们完成"学习单 3"，初步规划一下准备用什么来装饰模型（如图 6）。

学习单 3：美化装饰
我准备用 ＿＿＿ 来装饰模型（在□里打✓）
□花朵　□爱心　□树叶　□蝴蝶
□珍珠　□其他
画一画

图 6

活动 5　规划设计，美化装饰

提问：回顾一下要绘制曲线一般用什么工具？（样条曲线）

如何在立体模型的表面绘制装饰？（表面曲线，教师示范演示，提示注意点）

活动 6　制作立体装饰

展示学生作品，学生自评和互评相结合。

典型作品分析：仔细观察这位同学的作品，他将花朵做成了镂空的，你知道他是怎么制作的吗？（拉动花朵面时，向内部拉动）

设计意图：技术本身并不是学习的难点，依托于真实需求的技术才有设计的灵魂。学生在强烈的设计欲望和成品修饰过程中学习利用"表面曲线"美化模型，以真实的情景作为操作的依托，学生由"要我学"变成"我要学"，自主学习，主动探究，实现真正的"让学引思"，让设计源于生活、回归生活。

（六）展示作品，思维导图，拓展延伸

展示成品，分享交流（自评、互评、师评）。

思维导图，梳理全课。

拓展延伸：生活中的杯子、茶壶、花瓶等，还会给它们加上把手、壶嘴等组合部件，在后面的学习中相信你们也能像今天一样敢于创新、勇于尝试。

如图7所示。

图7

设计意图：借助思维导图，帮助学生梳理全课脉络，进一步引领学生思考本课知识，形成旋转类模型构建的一般方法和设计思维。以搪瓷杯和茶壶的把手、壶嘴等拓展激发学生再创作，让孩子们带着问题进课堂，再带着问题出课堂，体会学习是不断思索、尝试、创新、解决的过程。

（盐城市大丰实验小学　沈娟）

4.7　设计思维应用的评价

4.7.1　是否指向现实的实际需求

许多教育实践者可能认为自己在教学活动中已经十分关注思维了。在日常教学中，教师会抛出各种各样的问题，要求学习者学会分析和解决问题，这虽然满足了一般思维能力的培养要求，但这种思维是否让学习者产生某种变化，并借助这种变化改善了他们的学习行为呢？另一种常见的现象是，教师会组织学习者完成一些面向生活的学习任务，但这种任务又常常独立于学科体系或课程标准之外，成为学校教学过程中的补充。强化培养设计思维的关键在于帮助学习者积累解决复杂书本问题的能力，促进学习者应对解决真实世界中复杂问题的能力。

书本知识源自相关学科的课程标准，而标准本身亦来源于人们对真实世界的认识，就此意义而言，书本知识的习得能够为学习者解决复杂真实的问题奠定基础。但是，书本知识作为抽象的知识体系，唯有融入真实世界，才有利于学习者建立两者之间的关联，即既能通过书本知识理解外部世界，亦能通过外部世界了解书本知识的局限性，进而提升人们认识世界的能力。

4.7.2 是否结合概念和过程创新

学科知识体系的建立，旨在帮助学习者借助前人的经验来认识世界，以期减少学习过程中的低效与重复性投入。但是，如果在学科知识的学习过程中，仅仅满足于帮助学习者识记或简单应用这些知识体系，却不能促进学习者进一步思考其中的逻辑，以及引导学习者通过不断思维以建立新的认知，学习必然会止步于人类对世界的已有认识。思维不是简单的想想而已，更不是天马行空，而是需要建立在学习者深度思考的基础之上。深度思考可以有不同的表征方式，既可以是学习者对于知识与技能等关系结构的自我构造，也可以是学习者运用所学知识与技能解决新的复杂问题的策略等。

对于一个完整的学习过程而言，当学习者习得新的知识与技能以后，深度思考可以从诸多方面切入。譬如：从新习得的知识与技能出发，引导学习者思考其对认识和融入现实世界的价值所在；对现实世界中可能遭遇的问题进行挖掘，引导学习者综合运用自身的知能体系解决问题；引导学习者置身于现实世界，思考问题解决过程中可能存在的诸多困难，创造性地建立对世界的新认识或问题解决的新路径。这些有利于促进学习者的深度思考，引导学习者建立符合逻辑的概念关系。

创新需要有引导工具，设计思维就是这样一个促进学习者深度思考的创新工具。斯坦福大学倡导的设计思维培养过程包括移情、定义、设想、原型和测试五大步骤：移情指学习者通过观察用户行为并参与其中来获取用户体验；定义指移情之后学习者结合自己的体验提出用户可能的所有需求；设想指通过头脑风暴等多种途径提出多样化的解决方案；原型指利用一些粗略的工具制作出解决方案的原型，并通过讲故事的形式，将设计的思想展示出来；测试指在获取反馈后修改和完善原型（Barry，2010）。这五大步骤是一个不断迭代的过程，同时又是动态、非线性的。通过这个循环过程可促进学习者对现实世界的深度思考。

4.7.3 是否形成符合生态的持续创新

设计思维应成为学习者的一种内在属性，并能将其外在的行为展现出来。在以往的学习过程中，教师经常会安排各种各样的练习活动，并通过学习者的练习结果来判断其学习状况。这种基于学习结果的评价更多是在判断学习者是否理解了课程中的知识点，以及能否运用这些知识点去解决一些复杂的题目。就夯实学习者的基础这一层面的意义而言，适度为学习者提供一些练习以巩固其知识与技能是可行的，但是这种做法容易出现的负面效应是，教师可能不再精心设计练习项目，学习者也会重复做一些虽形式不同却又无法体现个人才智的题目，进而降低整体学习的效能。

强化学习者的设计思维培养，就是要让教师充分理解并尊重学习者的学习现状，从学习者成长的角度设计适度的练习活动，引导学习者以更多样化的方式来展示学习情况。要对学习者做出精准的判断，仅仅依赖于人工的方式是无法实现的，教师可以借助一些技术工具来收集和分析数据，并投入大量时间对数据的合理性进行解读，从学习者多样化的制品中读懂学习者，为其完成高质量的设计制品提供智力支撑。

案例

复制与粘贴图形
——我是小小设计师

一、学情分析

本课面对的教学对象是小学三年级学生，虽然该阶段的孩子接触信息技术课程不久，但是通过生活中电脑的使用和前面课程的学习，他们已经学会了键盘、鼠标等常用设备的基本操作；能够使用画图软件中"直线""曲线""矩形""椭圆""多边形"等工具，可以绘制一些常规的形状，进行简单的涂鸦。该年龄段的孩子活泼好动、好奇心强，且容易被新事物吸引，同时具有初步的美术知识，有一定的发现美、创作美的能力，观察、分析、思考能力较低年级有了较大的提高。所有这些将有助于今天新内容的学习。

二、教材分析

《复制与粘贴图形》是苏科版《小学信息技术》三年级第14课，属于基础模块"信息加工与表达"中的内容。教材用五部分内容呈现了本课所蕴含的知识点：前两部分是"复制与粘贴"的学习，后三部分是在前面所学知识上的提升，综合了"翻转/旋转"和"拉伸/扭曲"的运用。所以本课知识点比较多，为了使中低年级的孩子更容易接受且能扎实地掌握，将该课题分为两个课时进行授课，本课的定位是第一课时。

本节课的学习内容大致分为三部分：第一部分是对象的"选定与组合"；第二部分是对象的"复制与粘贴"；第三部分是通过"翻转与旋转"来体现图样设计的技巧和方法。无论是"选定"还是"复制与粘贴"，都是基于"对象"的操作。"复制与粘贴"也是计算机一个最基本的功能，让我们在处理重复信息时变得快速又高效。该技能以菜单操作为主，是一项多步骤的技能操作，这与单纯的工具绘图有很大不同，所以难度较之前也有了较大的提升。学好本课内容不但在操作技能上会有很大的提高，对于后续应用软件的学习也有很大的帮助。

三、教学目标

（1）能用"选定"工具移动图形，可以将多个图形进行组合。

（2）能使用菜单命令"复制/粘贴"图形和"翻转/旋转"图形。

（3）在作品制作过程中，能根据设计的需要选择合适的"工具"和"菜单命令"。

（4）能感受计算机作图的高效，体会设计数字作品的乐趣。

四、教学重点与难点

教学重点：使用"翻转/旋转"命令绘制图形；使用"翻转/旋转"命令调整图形。

教学难点：用"画图"软件将自己设计的作品可视化的方法。

五、教学策略与手段

设计思维多指向艺术和建筑设计领域，强调逻辑思维与形象思维的结合。而信息技术课程中的设计还要强调其特定的平台，即技术手段。设计过程中既需要遵循一定的规律、原则，符合基本的规范，又要体现出对技术的合理应用，借助技术实现作品的美化及创意表达。本课既是对传统设计思想和方法的继承，又借助现代数字工具丰富了人们表达创意的手段。为此，以设计装饰图样为工作主线，以"画图"软件为平台，设置了"选定与组合，创意之美—复制与粘贴，重复之美—翻转与旋转，对称之美—概括总结，拓展延伸"这一系列的活动引领学生学习。课堂教学中适时搭建学生学习所需要的"支架"，引导学生观察、分析生活中图样的分类、组织结构方式，再尝试利用计算机设计制作。让孩子经历"分析规划—设计制作—作品评价"这样一个完整的设计过程。其中设计是核心，制作是设计的具体实现。把学习的主动权交给学生，使得技能课不仅仅是知识的传授，技能的学习、应用和拓展，而且思维的锻炼和提升同样可以达到有效的落实。

六、教学过程

（一）选定与组合，创意之美

同学们，之前我们在"画图"软件中都学会了使用哪些工具？你们可以画出什么形状的图形？（椭圆、矩形、圆角矩形、多边形等）今天老师要用这些形状，给大家变个魔术。（课件展示由形状组合而成的图形，如图1）

图1

总结：生活中很多美丽的图案和几何图形都有密切联系，只要能抓住事物的特点，充分发挥自己的想象力和创造力，即便是简单的几何图形经过精心设计，也可以形象地表达事物、传递信息。这些几何图形我们可以用"选定—组合"的方法，通过做"加法"或"减法"，就能诞生一个新的图形！

活动1 选定与组合，设计单独图样

打开"活动1"文件，动手来拼一拼，比一比哪位同学最具有创意！

要求：至少选择老师提供的2个几何图形，并将几何图形移至"拼图区域"组合，也可以根据自己的作品需求添加线条或其他图形（如图2）。

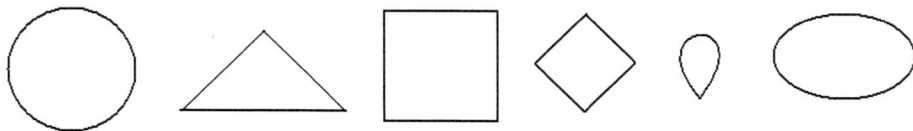

图2

思考：你用到了哪些形状？你在使用"选定"工具组合时遇到了什么困难？你是如何解决的？（在工具状态选择器中要选择透明模式）

　　总结：刚才同学们所绘制的图案，既简洁、概括，装饰性又强，在我们的生活中很多物品上都可以看到，起到了很好的美化作用。这些装饰图案在设计领域中有专业的名词，我们可以称其为"图样"或"纹样"（如图 3）。

图 3

　　设计意图：虽然"选定"工具是"复制与粘贴"图形的第一个步骤，但在实际软件应用中，我们很多时候是用来"选定"对象进行位置的移动，或者多个对象的组合乃至对象的重新编辑。而前面学生已经学会了各种基本形状的绘制，"形状"又是图案设计的最基本语言。通过"活动 1"，他们既能够掌握"选定"工具的基本使用方法，又活跃了思维，发挥了自己无限的想象力。

（二）复制与粘贴，重复之美

　　这里还有一组物品（如图 4），它们上面也有一些漂亮的图案，请你仔细观察，思考以下问题：

　　（1）它们的装饰图样只有一个吗？这些图样又有何特别之处呢？（有很多由相同的图样组成）

　　（2）这些图样是以何种方式有序地组合摆放的呢？（图样都非常整齐地排列着）

图 4

　　总结：在图案设计里，设计师经常用到"重复"的手法，它们把相同或相似的图形有规律地按行、按列进行反复的排列，让画面呈现出一种"秩序美"，对消费者的视觉更具冲击力。为了能使我们的装饰图案更具有"节奏感和韵律美"，可以尝试将图样填充上不同的颜色，或者将多个图样有序穿插排列，如图5。

图5

　　今天老师也想请同学们来当小小设计师，设计一些图案来美化下面的物品。

活动2　复制与粘贴，设计连续图样

　　（1）在老师分发的设计草图上，挑选1~2个物品，尝试用"图样"排列组合的方法进行设计和美化，如图6。用笔先画一画，确定好你的图样，再设计好图样的排列组合方式。

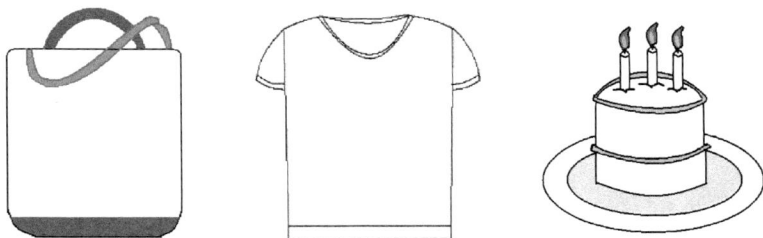

图6

　　（2）如果要在电脑上把我们的设计变成一个数字作品，这么多一模一样大小的图样，我们应该怎么制作呢？（老师讲解"复制与粘贴"的步骤：选定—复制—粘贴，一次复制后可以多次粘贴。）

　　（3）学生打开"活动2"文件，完成数字作品的制作。

　　（4）展示学生作品，师生按"图样设计评价表"（表1）互相评价，学生完成自评表格填写。（四星表示还可以继续优化，五星表示优秀）

表1

设计分析	设计评价标准	自我评级
组织与结构	图样排列整齐有序或有一定的规律	
节奏与韵律	图样有色彩变化或多个图样有序穿插排列	
色彩与搭配	图样与物品搭配和谐，色彩协调	

设计意图：在培养设计思维的过程中，可以尝试让孩子们从单纯的消费者转变为设计者、制作者的角色。通过选择合适的载体，从创意、组织、结构等方面入手尝试设计作品。通过在"画图"软件这样的一个平台上模拟"设计师"，让孩子们经历"分析规划—设计制作—作品评价"这样一个过程，自己创造生活中的常见物品，既让孩子们表达了自己的思想又展示了自己的个性，同时也能感受到计算机作图的优势。

（三）翻转与旋转，对称之美

刚才我们将图样"复制、粘贴"后，通过平移的形式，让它们排排站。其实除了以行和列的形式排列之外，我们还可以有其他的组合方式，请仔细观察图 7 中这组物品。思考：

（1）你能找到这些图形中重复的部分是哪里吗？

（2）你能尝试简单描述一下它们是以什么样的方式组合而成的吗？（图形是对称的）

（3）我们仅仅通过"复制—粘贴"的操作还能完成这些"图样"的设计吗？

图 7

（4）老师演示讲解"翻转与旋转"的操作，并比较这两种方式的不同。

翻转：将图形围绕着翻转轴，做空间的运动，翻转过后得到的图形与原图形关于翻转轴对称。水平翻转后得到的图形与原图左右对称，垂直翻转后得到的图形与原图形上下对称。

旋转：将图形绕着某一点转动一定角度，做平面运动。

总结：无论是翻转形成的绝对对称，还是旋转构成的相对对称，以对称形式设计的图案不仅显得秩序井然，而且由于视觉上的平衡，更会给人一种完美无缺的感觉。

活动 3 翻转与旋转，设计对称图样

要求：（1）打开"活动 3"文件，用"翻转/选择"的方式进行图案的

137

设计。为图 8 中的物品设计装饰图案。可以用老师提供的图样素材,也可以绘制自己的"个性"图样。

图 8

(2) 学生展示作品,介绍作品的得意之处,师生互相点评。

设计意图:观察,是有目的、有计划的知觉活动,是知觉的一种高级形式。观即看,察即分析思考。图像更是一种"视觉"传递的信息。所以本课中,观察是一种非常行之有效的学习方法。在"看"中产生疑问,在"疑问"中习得方法。孩子们再借助画图软件中"所见即所得"的技术,尝试初了解数学图形领域中"翻转/旋转"的概念,同时完成富有创意、体现美感的设计,这个过程中思维的养成将持续作用于学生以后的学习和生活。

(四) 概括总结,拓展延伸

今天我们一起学习了用画图软件来设计美丽的装饰图样。"复制/粘贴""翻转/旋转"命令的使用可以大大提高数字作品制作的效率,为我们节省宝贵的时间。绘制思维导图如图 9 所示。

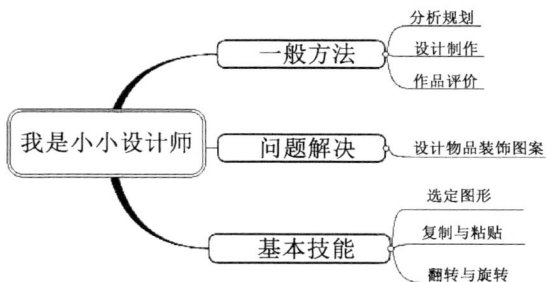

图 9

今天我们感受到"重复就是一种美"。这些看似简单的几何形状,不仅可以通过排列组合的变化、色彩的更迭来体现节奏和韵律;还可以通过改变它的大小的、拉伸它的外形来展现更多的艺术表现形式,如图 10 所示。以后的课上,老师将继续和同学们共同探讨。

图 10

设计意图：思维导图，简单地说就是一种运用集中与发散的思维，是对学习的知识点进行集中归纳与应用的有效工具，可以清晰形象地呈现出各知识点间的脉络关系，有助于学生从整体上把握知识，完成知识的建构。同时其他形式多样的作品展示，旨在拓宽学生的眼界，启发他们的思维，也为后续内容的学习埋下伏笔。

（盐城景山小学 吴雅）

第 5 章　结构化思维

信息化时代，面对着海量数据，如何才能从中科学地识别信息、加工信息、驾驭信息，做出科学决策，创新性的思维模式具有关键作用。能否迅速聚焦具体问题、分析问题、分解问题，最后给出解决方案，其核心在于是否擅长结构化思维。

5.1　结构化思维的内涵

万事万物本身是以结构化存在的。古希腊人在看星星时，看到的不是散乱的星星，而是由星星组成的各种图案。老子在《道德经》中指出："道生一，一生二，二生三，三生万物。"《易经》用阴阳两种力量的相互作用解释事物的发展变化。布鲁纳认为，所有的知识都是一种具有层次的结构，这种具有层次结构性的知识可以通过一个人发展的编码体系或结构体系（认知结构）而表现出来；人脑的认知结构与教材的基本结构相结合会产生强大的学习效应；学习的实质在于主动地形成认知结构，无论教师教什么学科，务必要使学生理解学科的基本结构，要求学生以关联的方式理解事物的结构。芭芭拉·明托在《金字塔原理》中提到人类思维的基本规律：一是为便于理解和记忆，大脑会主动将信息归纳到金字塔结构的各组中；二是预先归纳到金字塔的沟通内容，容易被人理解和记忆；三是应该有意将沟通内容组织成金字塔结构。

"结构化"体现在对信息的提炼、分类与整合，"结构化思维"是从系统和整体的角度对知识、经验等信息进行结构化思考。可以看出，结构化思维是一种系统性的多向思维，具有模式化、科学化、立体化和动态化的特点。系统性也称为整体性，要求把思考对象视为一个系统，以系统整体为思考着力点；多向思维表现为思维不受点、线、面的限制，不受时间和空间的限制，不局限于一种模式，可以从尽可能多的方面思考同一个问题，也可以从同一思维起点出发，使思路呈辐射状，避免思路闭塞、单一和枯竭。结构化思维的运用依赖完备的模块化知识体系、科学的思考问题的方式和灵活运用知识的技能。

5.2　结构化思维的价值

5.2.1　实现全脑思维

诺贝尔生理学或医学奖获得者斯佩里博士通过著名的割裂脑实验，证实了大脑不对称性的"左右脑分工理论"。左脑的思维是抽象思维，右脑是直觉思维的中枢。优秀人物的左右脑是均衡发展的，结构化思维有助于理性的左脑和感性的右脑同时得到开发。人们在学习过程中将获得到的信息如图画、形象等像电影胶片一样记入右脑中，结构化思维帮助学生用左脑对信息进行加工，将"只能意会，不可言传"的抽象信息更加有条理地表达出来。同时，左脑通过写作、言语、阅读等方式传递的信息，能够结合右脑实现形象化的表达。

5.2.2　表达更准确

结构化思维可以帮助人们对信息进行结构化归类和总结，可以使表达更加清晰、容易理解。例如小学生在创作演示文稿《我的家乡》时，有许多学生会零散地制作家乡美食、家乡风景、家乡特产、珍稀动物等。而具有结构化思维的同学则将需要介绍的内容分为悠久的历史、丰富的物产、灿烂的文化、美丽的风景等方面，然后进一步分类，如丰富的物产又可以分为鱼米之乡、珍禽异兽、特色小吃等内容。相比前者而言，后者制作的演示文稿逻辑性更强，更容易打动读者。可以看出，结构化思维能够使表达更加系统、完整和准确。

5.2.3　学习效率更高

结构化思维可以帮助人们形成思维导图，构建逻辑关系，增强记忆，提高学习效率。阅读效率高的人通常善于搭建逻辑图，看书喜欢用一种树形的结构将书本要点进行总结，以形成自己的理解，这就是一种结构化的思维。例如在《插入表格》一课中，教师与学生一起构建思维导图，把学习内容进行层次化的总结，进一步帮助学生理顺全课的脉络（见图 5-1）。因此，用一种结构化的思维去思考和学习，可以帮助学生建立完整的知识体系。

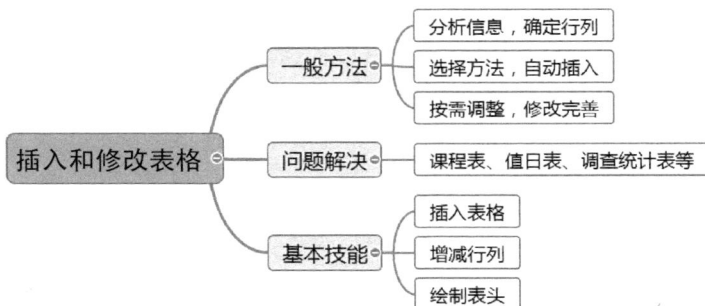

图 5-1   思维导图

5.2.4   解决问题的能力更强

结构化思维可以使人们考虑问题全面、周到、严谨，分配任务、设计流程不重叠、无遗漏。例如在学习《复制与粘贴图形》这一课时，教师引导学生先进行"分析规划"，然后"设计制作"，最后进行"作品评价"，而这三点恰好是进行设计的完整过程，从而可借助技术实现作品的美化及创意表达。我们应让学生努力掌握和理解各种管理工具、知识体系，并用结构化的思维去练习运用，从而提高其解决问题的能力。

5.3   结构化思维遵循的原则

5.3.1   以终为始原则

"以终为始"，即先在脑海里酝酿。"以终为始"是以所有事物都经过两次创造的原则为基础的，所有事物都有心智的第一次创造和实际的第二次创造。做任何事都是先在心中构思，然后去付诸实现。先明白做这件事的目的是什么，再根据这个目标倒推应该做哪些工作或完成哪些任务。

5.3.2   目标分解原则

在任务目标确定后，就需要进行目标分解，包括目标细化、明确配套资源等，将一个较复杂的事物分解为多个简单的事物。目标分解是使任务更加简单、清晰、可实现的必要保障。

5.3.3   分类互斥原则

"分类互斥"就是对于一个重大的议题，能够做到不重叠、不遗漏地分类，而且能够借此有效把握问题的核心，并解决问题的方法。

5.3.4   关键少数原则

在重点突出的基础上，关注"关键的少数"，集中精力赢效果。

5.4　结构化思维的三个步骤

结构化思维的三个步骤分别是：确定目标、资源分析和制订计划。下面以苏科版《小学信息技术》五年级第 9 课《赛车游戏》为例解析结构化思维的三个步骤。

5.4.1　确定目标

确定目标的目的是让学生在进行口头表达、书面表达和解决问题时能够聚焦，达到脉络清晰的效果。确定目标应遵循以终为始的原则，进行逆向思维，先思考完成这件事情的根本目的是什么，再从结果向前倒推。如本课中，以《赛车总动员》中自动行驶的赛车引入，学生配对演示模型赛车在赛道上从起点驶向终点的过程，用语言描述赛车运行过程：到达起点→计时器归零→调整方向→前进→到达终点（计时器读数）停下，从而确定本节课的学习目标：把汽车作角色，赛道作背景，用 SCRATCH 实现赛车在赛道上自动行驶的过程，设计出一款赛车游戏。这就是结构化思维的第一步——确立目标。

5.4.2　问题分析

目标确定后，开始进行问题的分解分析，遵循 MECE 原则，将复杂问题拆解成若干个相互联系又条理清晰的简单问题，以保障目标的完成。如本课中，在学习目标确定后，需要分层次实现，分别是"搭建脚本，直道行驶""优化脚本，弯道行驶""参数修改，提升性能"。从而完成结构化思维的第二步——问题分析。

5.4.3　制订计划

操作环节完成后，就开始分步骤来实现，即结构化思维的第三步——制订计划。制订计划需要重复第一步和第二步，学习的每一个环节也应体现结构化思维。首先明白该环节的"学习目标"，再进行"问题分析"，最后形成完整的实现过程。

5.5　结构图

结构图是系统思维的工具，它主要帮助人们进行结构化思维。结构图可以帮助学生在对已学知识点和操作要点加以梳理、整合的基础上，将相互独立的知识点和操作要点关联起来，建立具有某种逻辑关系的结构体系。

结构图既能整合一节课中应掌握的关键内容和操作要点，又能贯穿整本乃至整套教材所涉及的知识点和相关操作。

结构图由一个个模块组成。每个模块即一个要素，用长方形表示，长方形内的文字是要素的关键字，若干个模块用直线连接，表示它们之间的逻辑关系。

例如，苏科版《小学信息技术》四年级的第21课《插入超链接》，本课的学习内容和操作要求难度相对较高，但趣味性强，实用性大。它可以使电子作品呈非线性播放，更容易构造成作品中互相关联的知识网络，打破传统线性阅读模式对思维的束缚。为从思维层面对学生进行引导，根据教学内容和学生的实际情况，通过"创设情境，感受超链接""技术研习，认识超链接""浏览电子书，规划超链接""完善电子书，创建超链接""思维导图，建构认知"这五个环节展开一系列的学习活动，如图5-2所示。

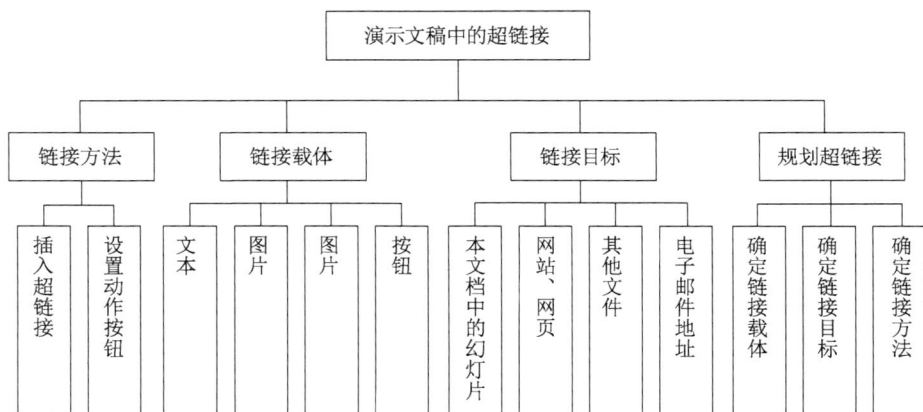

图 5-2　插入超链接

结构图有如下作用：

① 结构图是进行结构化思维的工具，可在罗列出知识与技能纵向发展的先后顺序，以及知识与技能横向之间的支撑关联的基础上，把相互分立的知识点和技能组成一个较为完整的结构体系。

② 结构图将问题清晰地描述出来，使人们能够结合目标，从整体的视角进行分析，找出因果互动关系，辨认哪些重要，哪些不重要，哪些是难点，哪些更容易实现。最后达到学习的最佳平衡点。

在上述案例中，我们首先在情境中让学生初步感受"超链接"的技术内涵，明确学习目标；接着，以孩子们已有的"网页阅读"经验的迁移，帮助他们对范例展开研习，了解超链接的相关基础知识，提炼出"普适"的技能方法；最后，让孩子们在这种基础知识和基本技能的支撑下对半成品"电子书"进行加工。"电子书"事先仅制作好了相关的幻灯片，留下"超链接"这样一个有待解决的问题，在对电子书进行分析、规划、制作、评价的过程中，初步学会使用计算机解决问题的方法和思路，体验思维的过程和成功的喜悦。

5.6　结构化思维运用的教学案例

扫地机器人

一、教材分析

《扫地机器人》是苏科版《小学信息技术》六年级第 10 课，机器人扫地活动来源于生活实际，扫地机器人的学习是在超声波传感器实践应用的基础上展开的，本课主要要求学生学习拼搭扫地机器人，再结合已学的机器人直行程序进行避障程序的添加，综合应用传感器和电机的相关知识，设计能实现避障和清扫操作的扫地机器人。

二、学情分析

小学六年级的学生已经具备了一定的逻辑思维能力，有一定的编程基础和算法思维。学生在本课之前的学习中，已经接触了实体机器人的应用，编写扫地机器人的程序尚在学生的实践能力范围内。但扫地机器人的搭建对学生的操作能力有较高的要求，课堂时间有限，可以为学生提供一个半成品，保证教学的实操性和有效性。

三、学习目标

（1）了解扫地机器人的结构功能，理解它的工作原理及脚本语言的运用方法，完成扫地机器人的搭建和程序运行，实现机器人的扫地功能。

（2）学生通过解构完整的扫地机器人成品和程序，用图形化的脚本语言编写运行程序，通过调试完成作品，体验思维和分析的过程，初步掌握问题分析的基本方法，提升学生的分析思维能力和逻辑思维能力。

（3）通过扫地机器人功能的实现，感受机器人的可实践性，感受信息技术发展的变化，形成乐学的学习态度，产生了解技术发展的愿望。

四、教学策略

运用逆向工程教学法，以完整的扫地机器人为起点，逆推扫地机器人的基本结构和实现方式，理解它的工作原理，从而使学生完成扫地机器人自主搭建、脚本编写、装载运行，实现机器人的扫地功能，并养成结构化的思维方式。

（1）通过解构完整的扫地机器人产品，了解扫地机器人的组成结构，理解其工作原理，理解超声波测距传感器应用原理和"如果……那么……否则"语句的含义。

（2）通过硬件结构、程序复原，学生自主完成扫地机器人的搭建，倒推可能的程序和算法，根据自然语言的描述，构建相应的工作流程图，编写图形化脚本语言。

（3）通过分析总结，反复进行程序测试，调试控制机器人，完成扫地机器人的正常运转。

学生以小组为单位进行自主探究学习。整个教学过程中，教师作为学生学习活动的指导者、帮助者，将学生代入扫地机器人设计者的身份意识，放手让他们"玩"，动手去实践，在学中做，在做中学。

五、教学过程

（一）试用感知，揭示课题

随着科技的不断进步，机器人的发展日新月异，其应用也逐渐从高尖端领域拓展到日常生活，老师今天就带来了一个智能机器人（出示扫地机器人），同学们认识它吗？

我们一起来看看它是怎么扫地的。（演示智能扫地机器人扫地）

边看边思考：这个扫地机器人的工作过程是怎样的？

智能扫地机器人的出现改变了我们的扫地方式，解放了双手、节约了时间。今天我们就用乐高 EV3 器材一起来设计一个扫地机器人！（揭题）

设计意图：通过试用智能扫地机器人，吸引学生的注意，激发学生的学习兴趣，形成用户体验，并对扫地机器人的设计意图、功能、基本构成有初步认识。

（二）解构扫地机器人，了解其结构和原理

活动1 观察解构后的机器人微视频，了解机器人的主要结构

机器人工作过程的关键步骤如图1（开始、清扫、避障）

图 1

（1）机器人是如何开始、结束扫地的？它是如何实现行走功能的？

（2）机器人通过什么部件实现清扫功能？

（3）机器人通过什么部件实现避障？如何避障？

小结：避障和清扫是扫地机器人的两大基本功能。扫地机器人通过触碰传感器，感知到障碍物后做出相应反应，转向到另一个地方清扫。下面我们就用乐高 EV3 器材做一个具备避障和清扫功能的扫地机器人。

设计意图：这里的解构并非把扫地机器人实物拆解开来，而是采用逆向工程的思维来研究扫地机器人。通过"解剖"扫地机器人，满足学生的好奇心，了解扫地机器人的内部结构和工作机制。

（三）"复原"部件，搭建扫地机器人

经过前面的学习，我们已经有了一辆机器人小车，怎么让它变成扫地机器人呢？

活动 2　分析问题，搭建扫地机器人

1. 想一想

（1）如何制作扫地装置？

利用清扫部件和中型电机。

（2）在乐高 EV3 器材中我们可以用什么传感器来控制机器人的开始和结束？用哪一种传感器实现避障？（如图 2）

触碰传感器（开始、结束）　　超声波传感器（避障）

图 2

2. 搭一搭

（1）制作扫地装置。

（2）安装传感器。具体要求如下：

① 将超声波传感器安装到机器人合适的位置。（合理选择安装位置，不能影响到扫地装置）

② 将触动传感器安装到机器人合适的位置。（安装位置的选择要方便开关机器人）

③ 将连接好的超声波传感器、触动传感器分别连接到机器人主控的数字号端口。

设计意图：在了解商品化扫地机器人工作原理和主要结构后，分析使用 EV3 器材搭建扫地机器人需要用到的功能模块，从而"复原"机器人的功能。

（四）编写脚本，实现扫地功能

活动 3　用语言描述扫地机器人的工作过程，尝试确定算法

说一说：我们做的扫地机器人的工作过程。

拖一拖：将扫地机器人的流程图补充完整（如图3）。

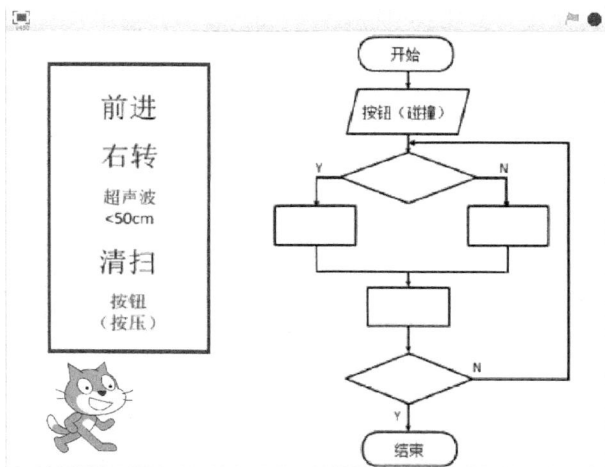

图 3

设计意图：让学生在理解扫地机器人工作过程的基础之上，将主要的工作过程列出来进行排序，从而检查学生是否真正理解扫地机器人的工作过程。这个工作过程其实就是扫地机器人的算法。最后出示流程图，与自然语言描述的算法形成鲜明对比，帮助学生进一步学习算法。

活动 4　根据流程图，编写机器人避障和扫地程序

（1）思考回答：流程图和脚本之间的对应关系（如图4）。

（2）编写程序：实现避障和扫地功能。

（3）运行程序：下载程序到机器人，测试避障和清扫功能。

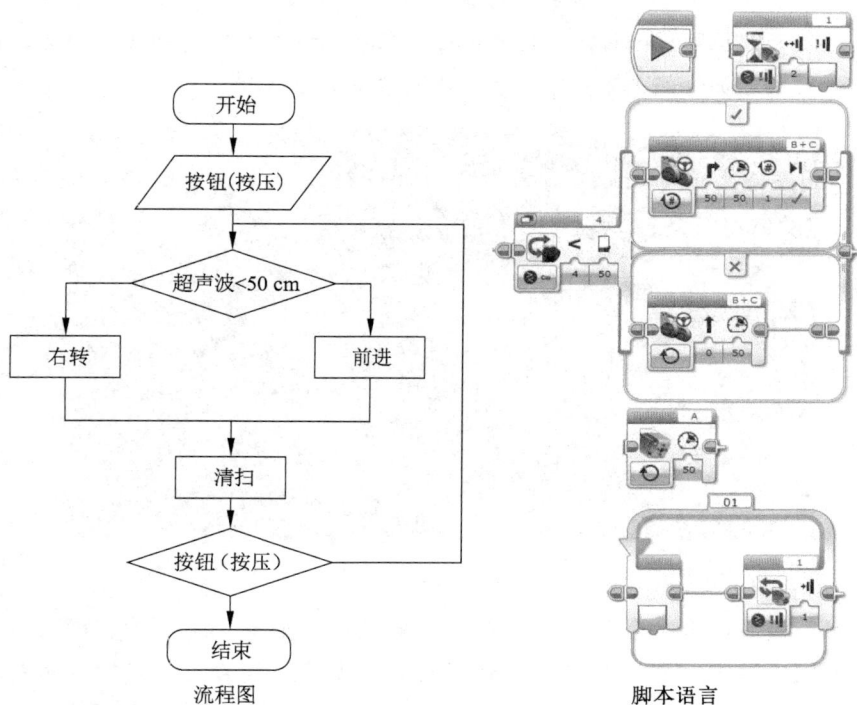

图 4

设计意图：用抽象的概念表达机器人的变化，用机器的语言来实现这些变化，从实物到概念，从抽象到具体，在动手实践中思考，在思考中学习新知识，让学生把自己的想法通过动手实际操作呈现出来。

（五）优化程序，展示成果

活动 5　运行机器人，优化程序，使功能更加合理

（1）设定避障阈值：根据自己搭建的扫地机器人结构，合理调整超声波测距的阈值，保证机器人顺利避障。

（2）优化清扫机构：如何最大化清扫的面积？

设计意图：好的产品需要不断的优化和升级，在这个环节中，让学生体验产品在软件和硬件两个方向的优化，来提升扫地机器人的功能，初步

感受工程优化的过程和意义。

（六）总结交流，拓展延伸

今天我们成功地实现了扫地机器人的搭建和程序的编写，发现机器人其实并不神秘。当我们接触它，了解它，并运用一定的编程知识和思维方法时，就能开发出很多机器人，为我们所用，为人类服务。（播放乐高多功能扫地机器人视频，如图5）我们还可以在扫地机器人中增加其他功能，使扫地机器人更加智能，下一节课我们继续来完善它。

图5

设计意图：今天我们只是完成了扫地机器人最简单的功能，如何做一个功能更加完善的扫地机器人，还需要继续研究。通过播放其他人做的扫地机器人视频来激发学生持续研究的热情，也为下节课活动的开展做铺垫。

（盐城市神州路小学　乐利云）

第6章　思维导图

6.1　思维导图的含义与特点

思维导图又称脑图或心智图，是近年来广泛应用于教育领域的可视化思维工具，被誉为21世纪全球性思维工具。英国学者托尼·布赞在大学期间阅读量和知识量迅速增长，遇到信息吸收、整理及记忆的困难后，便开始寻求解决这些问题的办法。他在研究达·芬奇、爱因斯坦等人时发现，这些"天才"的手稿主要由图像、图形、符号、文字构成。于是，托尼·布赞学习了心理学、神经生理学、信息理论、神经语言学等，并逐渐认识到，如果让人类大脑的各个方面彼此协同工作，则其发挥作用的效益和效率会更高。譬如，只是简单地把词汇和色彩这两种大脑皮层技术合并在一起，就会使记笔记的效果大为改观。1974年，随着托尼·布赞《启动大脑》一书的出版，"思维导图"（*Mind Mapping*）的概念首次正式被提出。

"思维导图是放射性思维的表达，因此也是人类思维的自然功能。这是一种非常有用的图形技术，是打开大脑潜力的万能钥匙。"思维导图实质上是一个思维的自然表达过程，以图式的方式呈现看不见、摸不着的思维结构和路径，使人们的思维过程清晰可见，是比文字更加富有成效的表达方式。具体来说，就是按照单元（章节）内容利用关键词、图形、线条等要素来绘制知识的网络结构图。关键词代表思维导图的主题或核心内容，连线表示各主题之间的关系。通过分层级的线条连接各知识点，搭建各个知识点之间的内在关联，促进知识的整合，形成清晰的知识结构图。

与文字相比，思维导图具有如下特点：第一，信息承载量大。"千言万语不及一张图。"图形比词汇更具新鲜感和吸引力。研究表明，使用视觉辅助能使学习效率提高400%。第二，有明显的个人风格。由于每个人都有独特的认知，知识结构、思维习惯及学习喜好都不尽相同，考虑问题的角度和切入点也不同，所以相同主题的思维导图也不尽相同。第三，层次分明，重点突出。思维导图的中心主题在中间明确显示，分支主题向四周分散，中心主题与分支主题联系紧密、关系分明，形成了一个个相互连接的节点结构。思维导图通常为树状结构，有助于人们梳理思路、理清主次。

6.2 思维导图在课堂教学中的应用优势

"思维导图具有图解教材知识、教材知识结构形象化的特征，能够增强大脑对知识的'渴望'，发挥学生左右大脑的功能，激活整个大脑积极参与学习、增强记忆效果。"作为一种可视化思维工具，思维导图正逐渐成为一种有效的教与学的工具，优化着教师的教与学生的学。

6.2.1 提高课堂教学效率

思维导图强调视觉表象，教师在充分了解教材知识结构及梳理教学内容脉络的基础上，将教学内容以可视化的图像、文字、符号、色彩等形式直观形象地呈现出来，建立立体的知识体系。"大量的现代认知科学的实证研究显示，可视化的表达方法比仅仅基于文本的表达方法在知识的重建、扩散和应用等方面发挥着更重要的作用。另外，根据建构主义的观点，结构化的知识体系是减少认知负荷的一种有效方法。"因此，应用文字、符号和图像相结合的思维导图，教师和学生可以快速找到教学内容的核心知识点，发现各知识点间的关联，使整个教学内容的主线一目了然，避免教学偏离主题，"有效遏制教学精力浪费现象，确保教学活动的内在效能实现最优化、最大化，切实提高课堂教学的效益"。

6.2.2 整合零散知识，促进学生有意义的学习

任何一门学科都有内在的关联，而不是毫无联系、零散的知识点的集合。有效的学习除了要掌握零散的知识点外，还要通过整理、归纳，把众多知识点联系起来，建立一幅完整的认知地图。正如布鲁纳所说，"获得的知识，如果没有完满的结构把它关联在一起，那是一种多半会被遗忘的知识。一串不连贯的论据在记忆中仅有短促得可怜的寿命。"借助思维导图这一可视化思维工具，学习者带着他们记忆中已有的各种图式来面对新的学习任务，把新知识汇入原有的知识结构中，从零碎、片断的机械式学习转变为注重逻辑关系的有意义的学习。

6.2.3 培养学生的发散思维能力

"灌输式"教学方式和"题海战术"是现行课堂的常态。知识不等于思维，只关注知识忽视知识背后"思维"的教学方式危害极大，学生长期处于死记硬背、机械训练、不思考的状态，思维能力、想象力和创造力的发展必将受到阻碍。大脑拥有无限联想和创造的潜能，思维导图强烈的可视化视觉符号能够激发学生的想象力和创意，学生可以自由联想、迁移，不断产生新想法和新观点，多角度、全方位地思考问题，从而使学生的发散思维能力可持续发展。

6.2.4 激发学生学习兴趣，自主参与学习

传统教学大多停留在知识表层，机械重复、枯燥乏味，这正是让学生学习负担沉重、甚至产生厌学心理的症结所在。"创建思维导图的主要宗旨就是每个分支主题应包含与中心主题相关的图片和短语来帮助回忆信息。"运用颜色、线条、符号、词汇将大量枯燥的文字转变成色彩丰富、易于记忆、有组织逻辑性的图像，利用"左脑 + 右脑 = 全脑"的思维方式，将左脑的逻辑、数字、词汇、顺序、列表、分析功能，与右脑的图像、空间感、维度、想象、色彩、韵律、情感功能全部调动起来，充分发挥人类左右脑的潜能。比起枯燥单一的文字表述，拥有色彩、图像、符号等多种元素的思维导图更加具有吸引力与冲击力，能够更加形象直观地将所要传递的信息传达给学生，增强了教学的趣味性，刺激思维发散，激发学生的学习兴趣，调动学生学习的积极性，满足了人们对学习的欲望，促进学生自主参与学习，变被动为主动，使学习成为一种乐趣。

6.2.5 促进师生间的团结合作、平等交流

思维导图或者由一个学生单独完成，或者由几个学生合作完成，或者在教师的指导下完成。在梳理知识点的同时，加强学生与学生之间、学生与教师之间的交流与合作，各取所长，使教学氛围更加活跃融洽。在这个过程中，学生作为主体，教师指导并解答学生在绘制思维导图过程中遇到的问题，给予积极正面的引导。同时，学生发挥个人的主观能动性和学生团体的创造性共同创建思维导图，抛弃了传统教学中枯燥乏味的死记硬背和机械灌输的讲授。绘制思维导图的过程不仅锻炼了学生与他人沟通的能力，还培养了生生之间、师生之间的合作精神和团结意识，达到教学相长的教学效果。

6.3 思维导图绘制方法

绘制思维导图的目的是将组织对象纳入原有认知结构中，这就要求在绘制思维导图时要考虑三方面的因素：原有认知结构、组织对象和新旧知识的联系方法。首先，要对自身的认知结构有一定的了解。这并非是要理清自身的所有知识，而是只要求提炼出一些简单的认知图式。认知图式最易被激活，具有较强的迁移性，包容性较大，从而能构建一个接收新知识的框架。其次，对组织对象进行深层次的解构。这种解构要求陈列出组织对象的主要信息。最后，实现新旧知识的联结。这种联结不仅是将新知识纳入原有知识框架的指令，而且是检索和提取知识的线索。它是最简单、最自然的，无须提醒和暗示就能想到，就如提到"一年"就联系到"春、夏、秋、冬"那样自然。

6.3.1 整理和积累原有知识图式中的常用模式

知识图式是人类知识的心理表征方式，是头脑中特定的一些规则。它既在认识世界的过程中形成，又被用来解释世界和安排外界输入的信息。它在与外界信息的交往中不断完善自身。人的认知活动都是以原有知识图式为基础的，因此，要注意积累一些常用的知识图式，例如：社会的构成成分（政治、经济、社会生活等），文化的结构成分（物质、精神、制度等），教学的要素（教师、学生、课程等），新闻的六要素等；事物的横向为种类，纵向为层次，外部为特征，内部为性质；等等。

值得一提的是，托尼·布赞在《思维导图：放射性思维》一书中指出，用来帮助思维放射的"特别有用基本顺序思想（BOI）"也可视为知识图式，为了解事物提供认知框架，当然也能用在思维导图中指导中心词的信息发散。它们是：

① 基本问题——怎样，什么时候，什么地方，是谁，为什么，是什么，哪一个；

② 细分——章节—课别—主题；

③ 性质——事情的特征；

④ 历史——事情发生的时间顺序；

⑤ 结构——事情的外形；

⑥ 功能——做什么事情；

⑦ 过程——事情是怎样发展的；

⑧ 评估——多么有价值；

⑨ 分类——事情间的相互关系如何；

⑩ 定义——事情的含义是什么；

⑪ 个性——是什么角色或具有什么特点。

6.3.2 确定好组织对象中的关键词的层次和类别

对主题的理解程度体现在所提炼关键词的层级关系和类别关系上。每一信息单位或知识结构都是一个系统，具有结构性、层次性和关联性特点。如果将其可视化，就会呈现出一个由关键词、节点、线条等构成的知识网状结构，每个关键词表示一个概念，它既能包含上位概念，又能包含下位概念，是上下位概念的最佳连接，既不可越位上层概念，也不可遗漏下层概念。同时，每层概念都由上层一个概念按照一定标准（分类的一致性）进行分类而成，都有其他同级概念，这些同级概念要具有互斥性，不能互相包含，否则就会产生"乱放射"的思维导图。

6.3.3 用最简单、最明显的联结方式绘制思维导图

让思维导图展现出一个科学的、有助记忆的知识结构，既依赖于组织对象本身的结构特点，又依赖于组织者本身的原有知识图式。思维导图的实质是将客体信息与主体经验进行联结，形成一个符合主体记忆模式的体系。正如美国著名记忆大师哈利·洛雷因所说："记忆的基本法则是把新的信息联想于已知的东西，用已知的东西为钓钩。"联结的紧密度影响着记忆效果。要将组织对象的信息结构联结到原有知识图式以便存储，就要激发那些最易被激发出来的知识图式，激发图式正如记忆中的提取信息一样，进行得越多，活动就越流畅，就越易被激发出来。因为心理学家证实：所重复的思维模式或图谱的次数越多，对他们造成的阻力就越小，"心理现象"发生的次数越多，它再次发生的可能性就越大。因此，只有选用那些最常用到的、自然而然产生出来的图式作为思维导图中各级关键词的放射依据，才能达到提高记忆效果的目的。

6.4 思维导图教学案例

《糖果火山》教学设计
——SCRATCH 中"克隆"控件的使用

一、教学要求

了解利用计算机进行问题求解的基本思想、方法和过程。结合生活中

的实际问题，分析算法，选择程序结构，并编写和调试程序解决问题。利用 SCRATCH 软件，学生可以更好地理解编程的思想，学习创意思考和协同合作。

二、教材分析

本节课是 SCRATCH 模块的第 12 课内容，是学习 SCRATCH 基础部分的延续，认识和理解"克隆"控件，为后面独立设计程序打下基础。在原教材基础上，本课学习内容做了改动，因课堂情境主题的设定，修改了原绘制角色和造型环节，更换为导入素材包中的素材，继而进行故事脚本的编辑。根据情境的设定，土著人求救于火箭的主人，希望可以利用火箭去收集火山里喷发出来的糖果。其中涉及之前学习过的条件语句、循环语句，以及侦测、动作等模块，"克隆"一系列控件的出现无疑给这座火山添加了神秘的色彩。

三、学情分析

本课的学习者是小学五年级学生，他们思维活跃，有分析、思考和团队共同解决问题的能力。在本节课之前，学生已经基本掌握了使用条件语句、循环语句，以及侦测、外观、动作等模块，对以往控件的使用具备一定的知识迁移能力，但未涉及过"克隆"相关控件，在对 SCRATCH 浓厚兴趣的驱使下，会产生很多学习需求，这样的学情有助于本节课内容的开展，但需结合脚本预设，建立教学支架引导。

四、学习目标

（1）认识与理解"克隆"控件。

（2）掌握利用"克隆"控件控制角色变化方法。

（3）"克隆"控件与其他控件结合，在预设脚本上进行开发和升级，感受编程的乐趣。

五、教学重难点

重点：认识与理解"克隆"控件。

难点：利用"克隆"控件控制角色变化。

六、教学策略与手段

新课标强调学生核心素养的发展，在糖果火山的情境中导入课题，根据剧情需要运用知识迁移对脚本进行编写、修改和调试。本课的设计更多地关注学生思维能力的培养，在脚本编写的过程中，学生需要发散思维，思考设计内容，并根据设计需求选择合适的控件，提高学生的思维能力、设计能力、动手能力和团队协作能力。

七、教学过程

（一）情境导入，分析脚本

谈话：上节课，麦克受酋长之邀观看了土著人精彩的表演，就在麦克又要继续旅行的时候，酋长突然发来了求救信，让我们看看酋长遇到了什么困难。

（大屏：酋长的求救信）

揭示课题：糖果火山。让我们跟着麦克一起去帮帮他们吧。

谈话：课前老师将素材包已经发放到你们的电脑桌面上了，请打开看看，都有哪些素材？

大屏展示预设分析图：这是一个需要用火箭去收集糖果的程序（如图 1）。

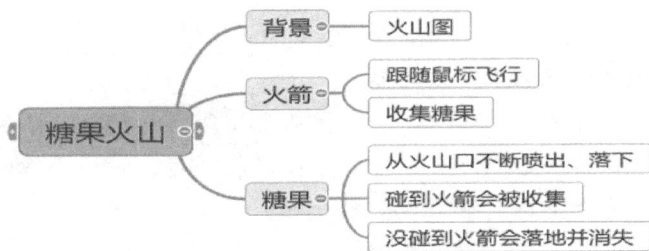

图 1

设计意图：课堂的开始用情境导入，学生对故事的好奇心及对解决问题的兴趣，可以让课堂的气氛顿时活跃起来。

（二）根据预设，尝试脚本的前期制作

活动 1　根据提供素材还原火山场景

活动要求：① 为舞台添加背景；② 添加火箭角色；③ 添加一个你喜欢的糖果角色。

活动 2　火箭试飞

活动要求：让你的火箭飞起来。

（1）分析火箭脚本预设：火箭需要跟随鼠标飞行（如图 2）。

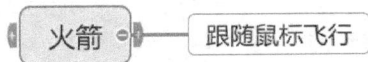

图 2

（2）请运用以前我们学习过的控件试着让火箭飞起来（如图 3）。

图 3

随机展示、点评学生的火箭脚本，并小结。

活动3 一颗糖果的喷出

（1）交流：一颗糖果运行的轨迹与范围，大屏出示合理范围值（如图4）。

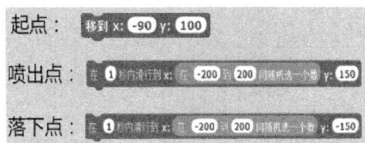

图 4

（2）请做出一颗糖果喷出的脚本。

设计意图：背景角色的导入、坐标的确定等都是旧知，根据脚本的设定，需要将它们结合起来使用，让学生按步骤进行设计既是对他们旧知的迁移使用，也为教授新控件奠定基础。

（三）新授，"克隆"控件的应用

活动4 设计一座不断喷出糖果的火山

过渡：一颗糖果能有火山喷出的那种效果吗？想要糖果不断地从火山喷出，有什么好办法？在SCRATCH里有一个很强大的克隆功能。（大屏出示：三个控件及说明）

1. 克隆自己

（1）出示板书：

（2）示范操作： 控件在控制模块的下方，由于糖果在喷发之前需要先克隆自己，所以我们将 拖入脚本区，并放置在这里。运行后发现，并没有什么变化，这是因为克隆体和本体形状一样，位置一样，它们重合了。（拖拽）

2. 当作为克隆体启动时

（1）交流：现在的糖果并没有执行任何动作，这就需要我们请出它的好搭档

（2）出示板书：　当作为克隆体启动时

（3）示范操作，运行观看效果。

（4）交流：克隆体依据脚本进行动作，但克隆本体毫无动作，需添加隐藏控件将它先行隐藏。

（5）大屏出示克隆一颗糖果的思路（如图5）。

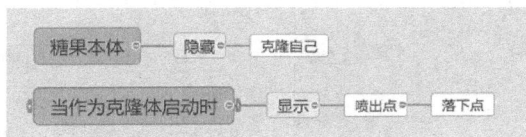

图 5

（6）学生尝试"克隆"控件的使用。

（7）学生操作时交流：如何克隆出更多的糖果呢？

活动5　收集糖果

过渡：根据预设，接下来我们需要收集糖果，收集糖果会出现图6中的两种情况：

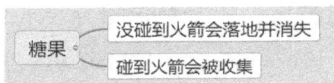

图 6

（1）请同学们交流并尝试编写脚本。

（2）作品展示。（选择成功案例，请学生介绍设计思路）

（3）根据学生脚本出示板书：　删除本克隆体 ，并分析思维图（如图7）。

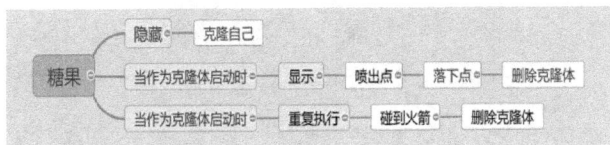

图 7

（4）通过刚才的学习和操作。我们基本完成了酋长的嘱托，并完成了预设。大屏出示（如图8）。

设计意图："克隆"一系列控件的出现无疑给这座火山添加了神秘的色彩。明白控件的属性并配合使用，能让学生很好地掌握这一系列控件。过程中会有同学的屏幕上出现漫天飞舞的糖果，虽有嬉笑，却会引发他们对问题的思考。利用思维导图加以总结，让学生更加清晰地串联本阶段学习的内容，整体上体验程序设计的一般过程。

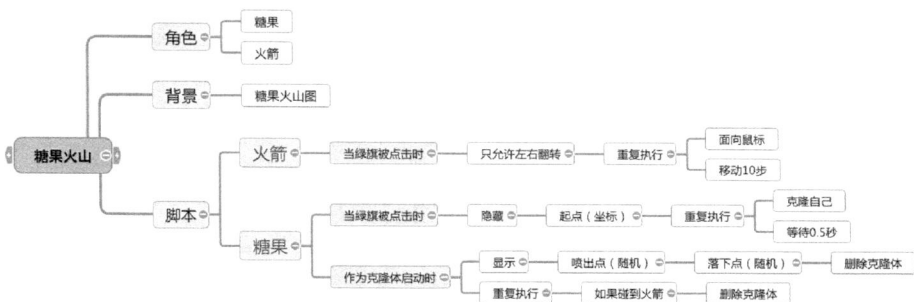

图8

（四）拓展延伸，小组合作脚本升级

活动6 你的创意

过渡：如果让你对程序再一次进行开发和升级，你想要达到什么样的效果？和你小组成员商量一下。

（1）分组活动，填写预设，修改脚本，完成思维导图。

（2）屏幕展示各组思维图，学生演示运行结果，点评并小结。

设计意图：我们更希望看到的是学生对知识的灵活运用。这个环节中，学生八仙过海，各显神通，各抒己见，小组团队的合作让学生更加急于参与其中，在原有脚本的基础之上逐步优化升级，实现更多的效果。

（五）总结

今天这节课，我们认识了"三位新朋友"。你们都掌握了吗？希望同学们在以后的编程中也会用我们今天的方式来编写程序（如图9）。

图9

课后，同学们还可以继续发挥想象，运用我们今天所学的新控件创作属于你们自己的游戏。

设计意图：授人以鱼不如授人以渔，将 架构—预设—编程—调试—修改—完成 这样的思维方式在课堂结尾进行总结，为今后的综合性小游戏程序的编写埋下种子。

（射阳县小学　周晓梅）

第 7 章　数字化学习

7.1　数字化学习的概念

以信息技术为代表的科学技术的迅猛发展，对人类的生产方式、生活方式、思维方式、学习方式等都产生了重大影响。信息技术应用到教育教学过程后，学习环境、学习资源、学习方式都向数字化方向发展。数字化学习（e-Learning）是一种基于网络的，具备从提供动态信息、获取教学资源，到允许学习者参与复杂的交互式虚拟教学活动等多种功能，通过创建支持信息传递以及经由信息的探索和应用以获取新知识的虚拟环境，为教育者和学习者提供强化教学和学习经验的机会。在网络技术发展的新时代，学习者可以根据个人需要选择和使用社会性软件为学习提供服务，进行自我导向的、自主的、创新性的、交互式的、协作式的、建构式的学习。数字化学习运用最新的多媒体技术和互联网来改善学习质量，以促进资源与服务的获取和远程的交流与合作，保证了任何学习者在任何时间、任何地点都能自由地获取在线数字资源。

7.1.1　数字化学习的三要素

数字化学习是指学习者在数字化的学习环境中，利用数字化学习资源，以数字化方式进行学习的过程。它包含三个基本要素：数字化学习环境、数字化学习资源和数字化学习方式。

1. 数字化学习环境

信息技术的核心是计算机、通信，以及两者结合的产物——网络。这三者是一切信息技术系统结构的基础。信息技术教学应用环境的基础是多媒体计算机和网络化环境，其最基础的是数字化的信息处理。因此，所谓信息化学习环境，也就是数字化的学习环境。这种学习环境经过数字化信息处理,具有信息显示多媒体化、信息传输网络化、信息处理智能化和教学环境虚拟化的特征。为了适应学习者的学习需求,数字化学习环境包括5个基本组成部分(见图7-1)。

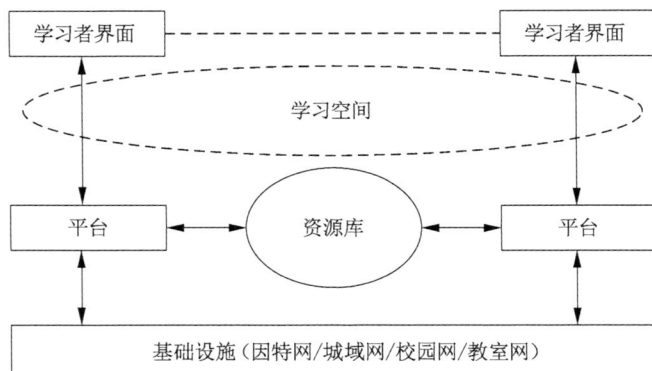

图 7-1　数字化学习环境

① 基础设施,例如多媒体计算机、多媒体教室网络、校园网络、因特网等。

② 资源,包括为学习者提供的经数字化处理的多样化、可全球共享的学习材料和学习对象。

③ 平台,向学习者展现学习界面,实现网上教与学活动的软件系统。

④ 通信,实现远程协商讨论的保障。

⑤ 工具,包括学习者进行知识构建、创造实践、解决问题的学习工具。

2. 数字化学习资源

数字化学习资源是指经过数字化处理,可以在多媒体计算机上或网络环境下运行的多媒体材料。它能够激发学生通过自主、合作、创造的方式来寻找和处理信息,从而使数字化学习成为可能。数字化学习资源包括数字视频、数字音频、多媒体软件、CD-ROM、网站、电子邮件、在线学习管理系统、计算机模拟、在线讨论、数据文件、数据库等。数字化学习资源是数字化学习的关键,它可以通过教师开发、学生创作、市场购买、网络下载等方式获取。数字化学习资源具有切合实际、即时可信、可用于多层次探究、可操纵处理、富有创造性等特点。数字化学习不局限于教科书的学习,还可以通过各种形式的多媒体电子读物、各种类型的网上资源、网上教程进行学习。与使用传统的教科书学习相比,数字化学习资源具有多媒体、超文本、友好交互、虚拟仿真、远程共享等特性。

3．数字化学习方式

在数字化学习环境中，人们的学习方式也发生了重要的变化。数字化学习方式与传统学习方式不同（见图7-2），学习者的学习不再是依赖教师的讲授与课本的学习，而是利用数字化平台和数字化资源，教师与学生之间开展协商讨论、合作学习，并通过对资源的收集利用、探究知识、发现知识、创造知识、展示知识的方式进行学习。因此，数字化学习方式具有多种途径，例如：

① 资源利用的学习，即利用数字化资源进行情境探究学习；② 自主发现的学习，即借助资源，依赖自主发现、探索性的学习；③ 协商合作的学习，即利用网络通信，形成网上社群，进行合作式、讨论式的学习；④ 实践创造的学习，即使用信息工具，进行创新性、实践性的问题解决学习。

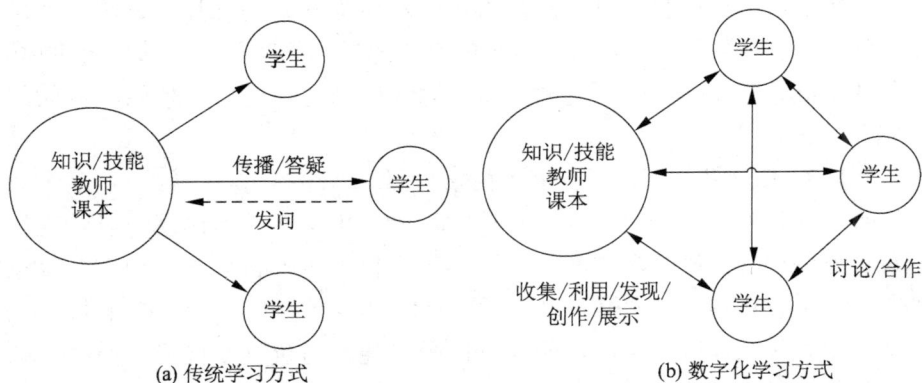

(a) 传统学习方式   (b) 数字化学习方式

图 7-2　数字化学习方式与传统学习方式的比较

7.1.2 数字化学习的特点

1．数字化学习的课程学习内容和资源的获取具有随意性

事实上，只要网络系统具有较理想的带宽，学生和教师就能够在网络和资源库上获得所需的课程内容和学习资源。学生可以不受时空和传递呈现方式的限制，通过多种设备，使用各种学习平台获得高质量的课程相关信息，实现信息的传送、接收、共享、组织和储存。

2．数字化学习使课程学习内容具有实效性

通过数字化的学习环境，教师和学生能够充分利用当前国内、国际现实世界中的信息，并融入课程和讨论中。这种以现实为基础的信息利用，有助于学生学会发现知识和加深对现实世界的理解。

3．数字化学习使课程学习内容探究具有多层次性

数字化资源具有高度的多样性和共享性，把数字化资源作为课程教学内容。对于相同的学科主题内容，教师和学生可以根据自己的需要、能力和兴趣选择不同的难度水平进行探索。

4．数字化学习使课程学习内容具有可操作性

数字化学习过程既把课程内容进行数字化处理，同时又将共享的数字化资源融合在课程教学过程中，这些数字化学习内容能够被评价、被修改和再生产，允许学生和教师用多种先进的数字信息处理方式对其进行运用和再创造。

5．数字化学习使课程学习内容具有可再生性

经数字化处理的课程学习内容能够激发学生主动地参与到学习过程中，学生不再是被动地接收信息，而是采用新颖熟练的数字化加工方法，进行知识的整合、再创造，并作为学习者的学习成果。数字化学习的可再生性，不仅能很好地激发学生的创造力，而且为学生创造力的发挥提供了更大的可能。

7.1.3　数字化学习对学习者的要求

数字化学习资源的全球共享，虚拟课堂、虚拟学校的出现，以及现代远程教育的兴起，使学习空间扩大了，数字化学习不再局限于现有学校里的学习，可以在家庭中学习，也可以在单位中学习。人们不仅能借助书本、广播、电视等媒体进行学习，而且可以随时随地通过互联网进入数字化的虚拟学校里学习。学习空间已经变得没有界限。从时间上说，人们再也不能只通过一段时间的集中学习获得够一辈子享用的知识技能。人类将从接受一次性教育向终身学习转变，人生被分为学习阶段和工作阶段的时代已经结束。

1．数字化学习要求学习者具有终身学习的态度和能力

数字化学习必然促使学校教学模式的变革，在数字化的环境下，学校教学要充分发挥学习者的主体性、合作性和创造性。因此，学校教学模式必须更新，要使教学个性化、学习自主化、作业协同化，要把培养学生学会学习并具有终身学习的态度和能力作为目标。

信息时代，个体的学习是终身的。个体的终身学习是指学习者根据社会和工作的需求，确定继续学习的目标，并有意识地自我计划、自我管理、自主努力，通过多种途径实现学习目标的过程。要实现终身教育和终身学习，教育必须进行深刻的变革：① 教育的内涵和功能要转变，教育要从

"传道、授业、解惑"向"知识的继承、传播、使用、创新"转变；② 教育的培养目标要转变，要从关注专业知识技能提高向注重人类整体素质提高转变；③ 教育的内容要转变，要从单一学科知识作为课程内容向逐步形成以高新技术为主体的综合知识型课程内容转变，要让人们不仅能接受传统民族性的教育，还要能接受面向现代化、国际化的教育；④ 接受教育的途径要转变，要让更多人有机会接受高等教育，从精英教育向大众教育体制转变，让人们不仅通过传统的学校教育和课堂传授式模式获得教育机会，还要通过开放式网络化远程教育模式接受教育。

数字化学习为人们从接受一次性教育向终身学习转变提供了机遇和条件，但学习者必须具有终身学习的态度和能力才能享用这种机遇，使终身学习成为可能。

2. 数字化学习要求学习者具有良好的信息素养

面对现代远程教育、网络式交互教育的发展，教育工作者应深刻意识到，只有培养学生驾驭信息技术工具的能力，他们才能够享有信息时代、数字化世界所带来的机遇；只有培养学生良好的信息素养，他们才能够理解信息带来的知识并形成自己的观点和知识结构。信息技术与课程的整合正是培养学生形成所有这些必备技能和素养的有效途径。

数字化学习是信息时代的重要学习方式，要求学生具备良好的信息素养，信息素养也是终身学习者具有的主要特征。只有具有良好信息素养的人才会把终身学习看成是自己的责任。他们寻找信息、获取信息是为了解决问题和制定决策，为他们所关心的领域开发出新的知识。

7.2 数字化学习环境的创设

7.2.1 数字化校园

数字化校园是以高度发达的计算机网络为核心技术，以信息和知识资源的共享为手段，强调合作、分享、传承的精神，网络化、数字化、智能化有机结合的新型教育、学习和研究的教育环境。21 世纪初，随着中小学"校校通"工程和高校教育信息化工程的实施，教育信息化进入新的发展阶段，在社会信息化的大背景下，建设"智慧型"校园，不断推进以学校为主体的教育信息化进程，成为教育信息化的重要组成部分。

为积极推进"互联网＋"行动，提升中小学校信息化建设与应用水平，推动信息技术与教育教学的深度融合，2018 年 4 月，教育部发布《中小学数字校园建设规范（试行）》。《规范》指出，数字校园建设应达成四个目标：一是实现校园环境数字化。利用云计算、大数据、物联网、移动通信、人工智能等信息技术，实现从基础设施（网络、终端、教室等），资源（教材、图书、讲义等）到应用（学习、教学、管理、生活等）的数字化。二是实现信息系统互联互通。拓展现实校园的时空维度，实现应用系统互联互通；建设网络应用环境，实现校园宽带网络全接入、全覆盖；促进优质数字教育资源的建设、应用和共享，让每个班级都享受到优质数字教育资源；打造网络学习空间，促进师师、师生、生生、家校之间的互动。三是实现用户信息素养提升。提升学生的信息化学习能力；提升教师的信息化教学能力；提升管理人员的信息化管理能力；提升技术人员的信息化服务能力。四是实现学习方式和教育教学模式创新。促进信息技术与教育教学实践的深度融合，实现信息化教学的常态化与创新发展；支持学校服务与管理流程的优化与再造，提升校园管理效能与决策水平。

案 例

网络成就梦想　奇迹彰显辉煌

——江苏省盐城市第一小学教育集团校园网十年建设之路

周旺纯

2008 年 2 月 20 日 16 时 20 分，盐城市第一小学教育集团师生代表齐聚网管中心，等待着一个历史时刻的到来。数十双充满期待的眼睛紧盯着大屏幕上不断跳跃的数字，时间定格在 16 时 25 分。网络中心内一片欢腾，掌声四起，该校党委书记、校长张斌同志用洪亮而又自豪的声音向全体师生宣布：一小教育集团网站访问量突破百万大关！

十年·百万　以卓越为追求

走进盐城市第一小学的校园，一股浓烈的信息化气息扑面而来：每个班级都配有多媒体设备，教师人手一台笔记本电脑。校园里，现代化的网络四通八达；机房内，各种指示灯交替闪烁。网站上，滚动着最新的教育信息；资源库，各类教育资源不断更替。盐城市第一小学始终走在"数字化校园"的前列，取得了一系列骄人的成绩："江苏省科技教育特色学校""江苏省信息技术示范学校""全国少工委雏鹰网络学校"……

2008 年 2 月，盐城市第一小学网站访问量突破百万大关。"百万"，这个数字不仅仅意味一小教育集团校园网的点击率在全市遥遥领先、在全省名列前茅，还可以折射出社会各界对于一小教育集团发展的密切关注，学校知名度、美誉度的日益提高。从一小师生自豪的话语中，我们依稀可以寻找到市一小教育集团网络化校园发展的轨迹。

1. 萌芽期

盐城市第一小学的网站建设最早从 1998 年开始。作为江苏 OEH 首批试验学校，省教委协调在盐城热线为该校申请了三级域名和免费空间。从那时起，就开始了一小网站建设的历程。首次网站建设由该校电教室赵主任和周旺纯老师负责，采用 Netscape 网页编辑器制作，框架页采用 Notepad 编写，建成后成为盐城市最早的两个学校网站之一（另一个是盐城中学的网站）。

2. 学步期

首次成功发布学校主页，在社会上产生了较大影响，但由于本地码的原因，在当时还不太流行的 IE 中甚至还显示为乱码，1999 年该校网络技术人员又改用 FrontPage 重新编写了学校主页。这是他们在学校网站建设上的进一步探索。

3. 成长期

2000 年，市一小对网页又进行了一次改版，虽然在色彩上仍不够协调，但是已具有学校网站的最基本特征。在这一年中，该校购买了第一台联想服务器，尝试建立自己的网站，并通过宽带对外发布。另外，该校还成功建立了第一个子网站——德育天地，这是全国首家德育专题网站，曾被《中国教育报》和《新华日报》报道。

4. 展示期

随着多媒体及网络在社会生活各个方面的被认同与普及，师生不断高涨的信息需求与落后的表现形式成为一对矛盾。2001 年，该校建起了校园网。以此为契机，他们又购买了一台服务器，通过 DDN 与因特网相连，并申请了四个固定 IP 地址。在网站建设上全部用 ASP 进行改写，生成了动态网页，对该校教育教学做全方位的、快捷而客观的展示。这是该校网站第四版的首页，至此，盐城市第一小学网站全面建成。

5. 参与期

学校网站的建成极大地拓宽了该校师生的视野，他们纷纷动手，使自己的工作插上网络的翅膀："雷老师作文网"是该校第一个以学生为主体的子网站；之后，"红领巾新四军研究院""少儿科学院""丹顶鹤少年文学社"等不断涌现，各部门都尝试建立了自己的网站。2003 年，该校新校区落成，信息技术专项投入近 500 万元，建成了千兆主干、百兆桌面的校园网。全体教学人员人手一台笔记本电脑。每间教室都配置成多媒体教室，一套双向闭路电视系统。该校技术人员同时对网站进行了改造和整合，使之能适应形势的飞速发展。

6. 应用期

2004 年以来，该校网站在展示学校风采、建设网上社区方面的基础上，进一步加强学校信息化管理，网络与教学的整合，社会化、终身化教育方面的研究。他们充分发挥新校区先进设备的功能，丰富数字化资源，使学校网站建设再上了一个新的台阶。

2004 年 2 月 11 日，该校网站首页点击数突破 10 万大关。2005 年 2 月 17 日，网站首页点击率又突破 20 万。同时，该校网站还在 2004 年盐城市首届"窗口学校"网站评比中获第一名。2006 年初，30 万次点击庆祝会我们还历历在目；2008 年 2 月 28 日，经过短短的两年多的时间内，网站首页点击率又突破了一百万！

"十年""百万"，或许它们仅仅是两组数字，但却于无形中反映出一小人孜孜以求、不断前行的作风；浓缩了一小人"数字化校园"发展的历程；折射出一小人十年来在学校管理、质量提升、课题研究、网络管理、网站建设、资源开发上取得的丰硕成果。

立足教学　以科研作推进

为尽快创建信息化校园环境，盐城市第一小学以"现代信息技术与学科整合"的教学改革为着眼点，重视课题申报与立项。学校申报的"在网络环境下的创新思维培养与小学数学研究性学习""在网络环境下进行互动作文教学研究""小学校园文学社区营建的理论与实践研究"三项省级青年专项课题均获成功，参与了国家级课题"小学德育活动课程的研究"，以这几项课题的探究为切入口，把教师信息技术培训与最前沿的科研理念培训、课题的研讨、改革实验三方面工作有机结合，三位一体，互相协调、互相促进，逐步抓实课题的过程研究，形成学校科研特色，尽力提高课题研究的实效性。同时启动"德育网""雷老师作文网""教科研沙龙"等专题网站。

十年来，随着校园网络的日趋完善，校园网已经成为一小教育集团校务公开、网络办公、对外展示的重要平台。校园网中共有 10 个专题网站，分别由学校分管校长及相关职能部门管理，成为传递校园信息、沟通领导与教师心灵的最佳窗口。班级网站建设作为校园网的一个重要组成部分，正彰显其活力，成为班级师生展示自己风采的舞台。为了给教师提供更为广阔的研究平台，学校还把网络作为教师获取信息、提炼信息、交流信息、升华信息、内化信息的工具，在网上建立教师博客。这样不仅拓展了校本教研的时空界限，整合了个人反思、同伴互助、专业引领三者的力量，形成了研究合力，教师还可以将自己的研究成果、教学反思及时发表，在交流思想、分享经验中不断提升个人反思的理论层次。

立足于该校校长张斌提出的建设现代化实验小学的管理思路，几年来，学校统筹规划，分步实施，逐步推广分层管理的全校综合性管理信息系统。以教学管理系统、办公自动化系统为起点，逐步开发与实施财务管理系统、科研管理系统、学生管理系统、人力资源管理系统、固定资产管理系统、后勤管理系统等，在统一的数据资源平台上建立具有信息共享功能、综合分析功能，并能提供决策支持的校园管理信息系统，真正实现了网上办公、网上管理、网上教学研究、网上服务。

盐城市第一小学还将学校网站作为有效提高学生信息素养的重要平台。教师"乐学生之所乐，忧学生之所忧，思学生之所思"，指引学生对生活进行深层挖掘，让学生感悟生活、体验人生，还可以把自己的个性展示到网页中。近几年，他们通过让学生参与网页制作和学生社团的实践，得到了一些经验。该校的丹顶鹤少年文学社社刊《丹顶鹤少年文学》经过文学社成员的通力合作，电子版在校园网发布后，学生争相进行网络阅读，效果很不错。该校的其他学生社团，如蓓蕾艺术团、红领巾电视台编辑部、小水滴摄影、快乐英语角等纷纷效仿，将社团活动的图片、文字等资料制作成网页，丰富了学校网页的内容。最值得一提的是，该校于 2002 年成立了全国首家"红领巾新四军研究院"，研究院的小院士们通过写信、网上传真、实地采访等多种渠道，寻访新四军的光辉足迹，并及时将活动情况在网上发布，传承了民族精神，丰富了德育资源，起点很高，效果显著。

盐城市第一小学还利用网络优势将课堂延伸到校外，如基于"智慧树小数网"搭建了"在线辅导""学习感言""数学擂台"等特色栏目，基于"四季青语文网"成功举办了四届网络作文大赛，这都是该校积极推进数字化校园建设、为广大学生搭建展示自己的舞台、建设节约型校园的重要举措。集团下属的盐城市实验小学还在 2007 年上半年举办了"百佳少年儿童"网上评选活动，吸引了众多孩子的参与，取得了较好的教育效果。

专家引领　以活动促发展

2004年3月，趁着网站首页突破十万次大关的春风，盐城市第一小学教育集团举办了首次网站建设研讨会。活动在刚刚落成的盐城市实小校区举行。集团校长张斌对网站工作提出了建设性意见。该校网站站长周旺纯老师作了题为《学校网站的整体规划与全员建设》的工作报告，并演示了即将发布的新版网站。来自盐城市现代教育技术中心的专家则对该校网站提出了富有前瞻的建议。值得一提的是，活动还邀请了家长代表和学生代表参与。家长代表主要就"家长学校""家校直通车""家教论坛"发表了自己的看法。到会的学生代表虽然年纪小，思想却不简单。他们对学校网站的界面提出了他们的看法，认为在网站的亲和力和童趣上还要下一定的功夫。这次研讨活动给该校网站的发展指明了方向，也迎来了一小网站飞速发展的黄金时期。

2008年4月，值校园网建立10周年之际，又恰逢网站访问量突破百万大关。盐城市第一小学教育集团隆重举行了庆祝校园网访问量超百万暨"校园网建设与教育品质提升"研讨活动。来自集团南北校区的近四十位网络建设骨干齐聚一堂，大家回顾了学校网站建设十年来的历程，并对学校网站建设过程中存在的问题进行了热烈的讨论。活动还特邀盐城工学院网络信息中心周宁教授作了《市一小网络建设研讨》的专题报告。周教授针对一小网站建设的实际，从"教育信息化""数字化校园""办公自动化系统""网络教学平台""Web 2.0与教育"等方面进行了论述。他指出，一小网站的建设历程就是教育信息化发展的一个缩影，市一小网站建设的十年历程，是提高学校核心竞争力的重要保证。他建议，学校应以网站建设为门户，促进学校各子系统的整合，从而搭建起高效的数字化校园体系。与会的领导、专家和教师代表对学校网站今后的发展构想作了研讨，确定了学校信息化工程的发展方向，同时还表彰了一批网络建设先进个人和集体，包括"十佳校园博客""十佳班级网站""优秀专题网站""网站建设先进个人"等。

作为庆祝活动的一个重要组成部分，盐城市第一小学隆重举行了第四届网络作文大赛的颁奖活动，来自盐高师附小校区、市实验小学及市一小城西分部的近四百名师生和家长代表参加了这次活动。活动对本次网络作文大赛中涌现出来的优秀作品和个人进行了表彰。孩子们不但倾听了获奖者的心声，交流了写作的成功经验，接受了评委老师的指导，而且聆听了江苏省特级教师、盐城市知名语文教师雷燕为同学们所作的《关于如何提高写作能力》的讲座。

<h2 style="text-align:center">更新理念　以规划创未来</h2>

百万，仅仅是一小网站的前进道路上的一个小小的驿站。如今，一小人已有了更远的发展目标。他们期望能够更好地体现网站的发展个性，不仅能让地区内的人们了解该学校，更可让世界了解他们的学校。凭借学校网站，一小成为教育百花园中一朵鲜艳的花朵。

早在 2003 年底，盐城市第一小学就发布了《构建数字化校园，推进信息化发展》的指导纲要。次年元月，在盐城市第一小学第四届第三次教职工代表大会上，就通过了《盐城市第一小学教育信息化工程三年规划》。《规划》主要以现代信息技术在教育教学领域中的应用和整合为核心，以提高教师和学生的信息技术应用能力为主线。结合该校现有的校园网基础资源及人力资源，对未来三年的教育信息化建设做了三方面的规划：① 数字化校园建设目标（硬、软件及网络环境）；② 教师的信息技术培训的目标及达成度；③ 学生信息技术的应用能力目标。这三方面中以学校资源网建设为基础，以培养学生的信息技术能力、促进学生的发展为最终目标，以教师的教育信息技术为前者服务的总体思想。

如今，一小人已有了更高更远的目标，他们秉承全面实施素质教育的宗旨，全面推进信息化进程，全力打造数字化校园。

1. 健全体系，积极体现集团化的发展蓝图

集团化的发展也给一小网站建设带来了一个难题。校区之间、校区和集团之间分工明确但又讲求合作。反映在网站建设上，应该是相对独立但又是互联系的。根据规划，集团内所有网站共用一套数据库系统。新闻栏目可无限划分，可从集团新闻一直划分到某校区的年级部甚至班级新闻。各校区可以有相对独立的界面，以及新闻录入和发布系统，但所发布的信息会立即发布到集团网站上。在新闻的查询上也比旧版有很大的改进。任何一个模块都可以很轻松地浏览到该栏目的所有子栏目信息。另外，在网站建设上将尽可能提供学校较为完整的信息。如校区简介、领导班子、学校平面图、部门设置、教室位置查询，甚至还可以提供校歌、校训等。

2. 以用促建，打造学校管理的信息化平台

从某种意义上讲，学校管理的信息化水平体现了一个学校的管理层次。

在已有系统的基础上，一小网站还将做如下改进：

（1）改进个人空间，建成网络U盘。原有的网络空间虽然注重数据安全却忽略了共享性，用户和用户之间的数据是不通的。在此基础上将增加共享空间和文件发送功能。

（2）建成学校文档管理系统。该系统将与学校网站进行集成，使学校文档管理更为安全、方便、快捷。

（3）建成学生档案管理系统，该系统将在省市下发的管理系统的基础上进行改进，使之适应一小集团化的发展模式。

3．资源为先，继续推进学校教学积件库的建设

在资源的建设上，一小网站将实现资源的采集、数据的存储与组织、资源的加工和应用三者并重。资源主要分为三类：第一类是内到外，主要是学校发布的视频、图片、音频资源。该类资源的建设重点是努力提供丰富的、可管理的、安全的数字信息。第二类是外到内，主要是外购或自制的课件资源、学习资源及提供教师专业引领的课例。这类资源的建设重点是将中心向学生转移，服务于网络环境下的教育教学，表现形式上主要为教学积件，从而解决普遍存在的"信息孤岛"现象。

透过一小网站的发展蓝图，我们坚信，未来的日子里，该校一定会以这次"百万"为契机，继续打造数字化校园，全面推进素质教育的开展。我们也祝福她能够取得更多丰硕的成果！

（《中国教育信息化》2008.12）

7.2.2 数字化学习平台

数字化学习平台是中小学校在数字化学习过程中根据实际需求设计开发的软件环境。数字化学习平台不仅关注学生的成长和教师的学习需求，而且注重学生和教师的长远发展。平台不仅能依靠丰富的数字化学习资源，为学生的学习提供帮助，而且能够对学生的数字化学习过程进行跟踪、控制，并对学生的学习状况进行必要的评价。依托基础库数据，平台还能够应用科学的分析统计方法和理念，准确分析出学生学习的进步状况，帮助学生及时发现学习的薄弱环节。平台同时能掌握教师的教学、科研等情况，促进教师提高专业水平，是数字化学习的基础应用，也是数字化校园的重要组成部分。

案例

快速搭建高效的数字化学习平台

周旺纯

Efront 是一套开放源码、功能齐全的在线学习系统。它拥有漂亮的 Ajax 界面，能够让管理员利用其提供的各种工具来创建和管理课程，包括：内容编辑器（拥有一个灵活的可视化内容编辑器并支持图片、音频、视频、Flash 等多媒体内容）；文件管理器和数字图书馆（用于文件共享）；考试构建器；创建测验；分配计划/项目；等等。下面就和大家谈一谈如何利用 XAMPP + efront 快速配置 PHP 运行环境，搭建数字化学习平台，从而有效开展数字化学习研究工作。

一、安装 PHP 运行环境

下载 XAMPP，搭建 Apache/MySQL/PHP 的运行环境，下载地址为：http：//www. apachefriends. org/en/xampp. html。

本系统可运行于 Windows、Mac、Linux 环境，下面仅以 Windows 环境为例。下载 XAMPP for Windows Installer 版并安装，过程非常简单，一直点击"Next"即可。安装完毕后运行 XAMPP 控制面板（在 XAMPP 安装目录下，文件名为：xampp–control. exe），界面如图 1 所示。

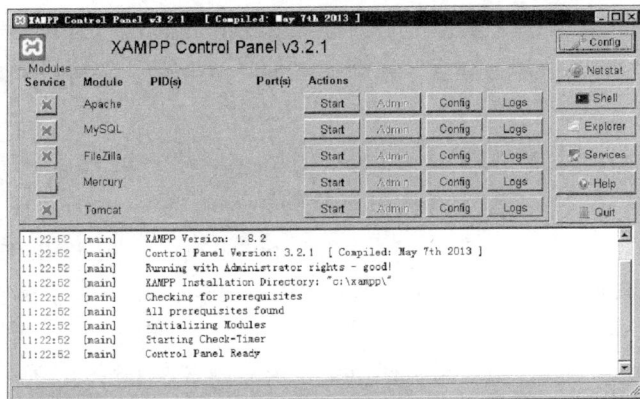

图 1

点击 Apache 和 MySQL 的"Start"按钮，启动这两个服务。如果一切顺利，打开浏览器，输入地址：http：//localhost，就会看到图 2 所示画面。如果出错，请检查你的电脑是不是已经安装 IIS 系统；如果已安装，需要停用 IIS。

English / Deutsch / Francais / Nederlands / Polski / Italiano / Norwegian / Español / 中文 / Português (Brasil) / 日本語

图 2

如果希望电脑开机后就自动启动该服务，在确保服务处于关闭的情况下，点击相应服务前的 Service 按钮，使之由 "×" 变成 "√" 即可（如图 3）。

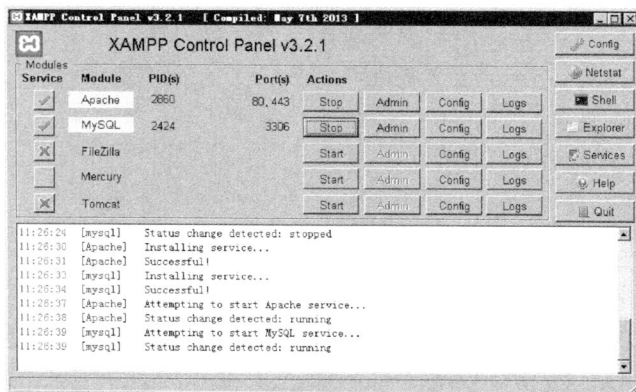

图 3

二、安装 efront 软件

下载 efront 在线学习系统：http：//www. efrontlearning. net/download。

（1）将下载的 efront 解压，默认解压至 C:/efront，也可以根据需要选择目录。

（2）打开 XAMPP 控制面板，点击 Apache 模块的配置按钮，并选择 apache（httpd. conf），打开 httpd. conf 文件。

（3）利用查找工具查找 "C：/xampp/htdocs"，将这段文字修改为 efront 文件夹内的 "www" 目录，例如 "C：/efront/www"（注意斜线的方向），保存文件。

（4）利用 XAMPP 控制面板关闭并重新启动 Apache 模块。

（5）利用浏览器打开 http：//localhost，如果一切顺利，就可以看到 efront 的安装界面了（如图 4）。

图 4

（6）点击全新安装按钮，正确填写数据库密码（为空）和管理员密码和电子邮件地址，便可完成安装。

（7）利用浏览器再次打开 http：∥localhost 或 http：∥IP 地址，就可以访问 efront 数字化学习平台了（如图 5）。

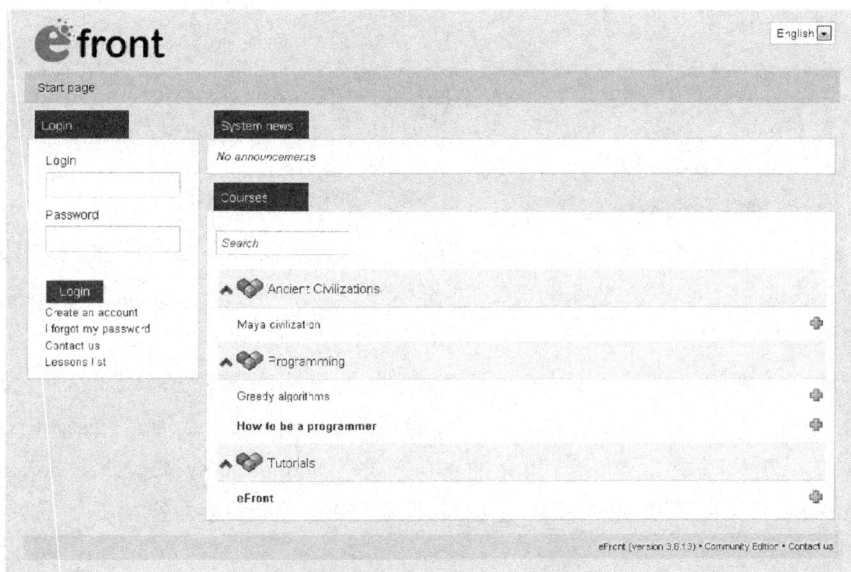

图 5

（8）使用刚才设置的管理员名及密码登录后台，可以看到图 6 所示界面。

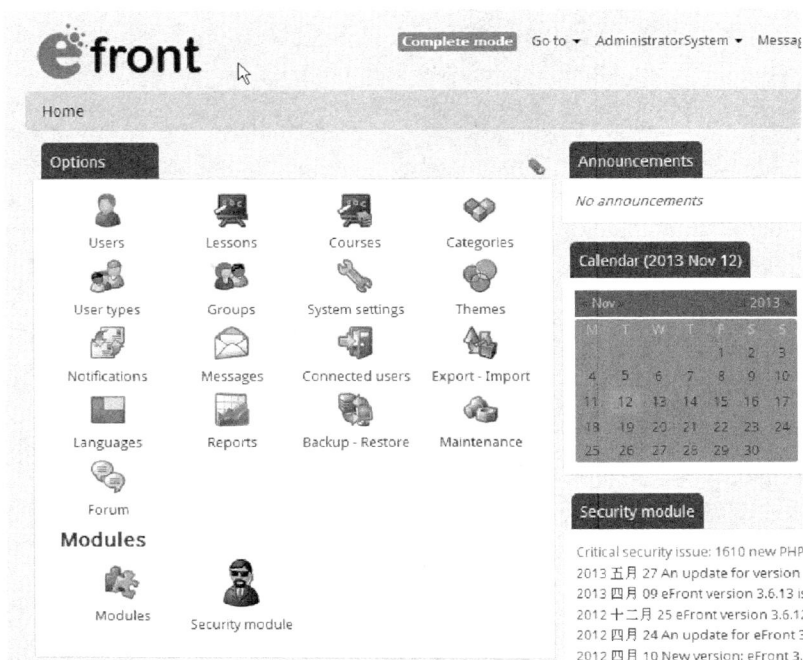

图 6

三、配置 efront 软件

（一）软件界面本地化

使用刚才设置的管理员名及密码登录后台，选择管理选项中的 "Languages" 项目，在语言选项中激活 "简体中文" 功能（点击相应语言包后的 "状态" 按钮）；

返回管理选项，选择 "System settings"（系统配置）项目，选择 "General settings"（基本设置）中的 "Locale"（本地化），将 "Default language"（默认语言）改为 "简体中文"，将 "Support only one（the default）language"（仅支持默认语言）选项设置为有效。根据需要修改其他选项并保存。

退出管理员用户并刷新窗口，此时界面已经变成中文的了（如图 7）。

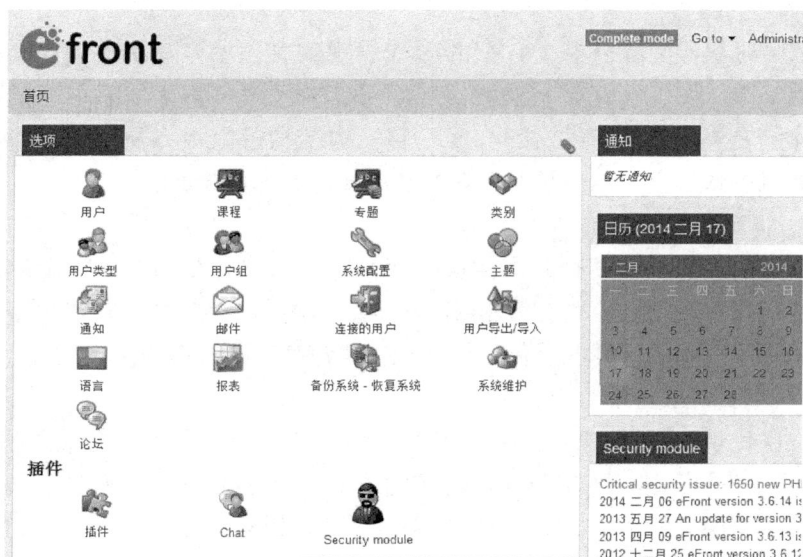

图 7

（二）修改显示名称

系统默认为英文显示名称，且"名"显示不全，可做如下修改：

进入管理后台，选择"系统配置"，进入"用户配置"，将"用户名格式"内容修改为"#surname##name#"。

刷新窗口，此时系统就可以正常显示中文名称了。

至此，数字化学习平台就全部搭建完成。下面就可以添加课程和设定课程用户，让师生们利用现有的网络环境，开始快乐的数字化学习之旅了。

（《中小学电教》2014.3）

7.3　数字化学习资源的构建

7.3.1　数字化学习资源的特点

数字化学习资源具有如下特点：

1. 获取的便捷性

利用数字化学习资源的学生可以不受时空和传递呈现方式的限制，通过多种设备，使用各种学习平台获得高质量课程的相关信息，能够任意实现信息的传送、接收、共享、组织和储存。

2. 形式的多样性

数字化学习资源以电子数据的形式表现信息内容，其主要的媒体呈现形式有文本、图像、声音、动画、视频等，极大地丰富了信息内容的表现力。除此之外，其友好的交互界面、超文本结构极大地方便了学习者的学习，虚拟仿真的应用也更有助于学习者对知识的记忆与理解。

3. 资源的共享性

任何信息资源都具有共享性这一属性，但数字化学习资源的共享性比起其他信息资源的共享性来说相对强一些。其主要表现在，利用电子读物或网络课程实现的资源共享传播面要比普通信息资源共享的传播面大。

4. 平台的互动性

数字化学习资源与以往传统的学习资源相比较，其最大的优势在于互动性，无论是通过网络媒介进行的学习方式，还是通过光盘等进行的学习方式，其双向交流的方式得到越来越多学习者的喜爱。一方面，学习者可以通过网络上的交流工具，实现与老师或学生之间的交互；另一方面，学习者还可以从学习软件的数据库中寻求问题的答案，同时也可将软件数据库自行更新。

5. 内容的扩展性

数字化学习资源的扩展性主要表现在以下两个方面：

（1）可操作性：数字化学习过程，既对课程内容进行数字化处理，又将共享的数字化资源融合在课程教学过程中，这些数字化学习内容能够被评价、被修改和再生产，它允许学生和教师用多种先进的数字信息处理方式对它进行运用和再创造。

（2）可再生性：经数字化处理的课程学习内容能够激发学生主动地参与到学习过程中，学生不再是被动地接受信息，而是采用新颖熟练的数字化加工方法，进行知识的整合、再创造并作为学习者的学习成果。数字化学习的可再生性，不仅能很好地激发学生的创造力，而且能为学生创造力的发挥提供更大的可能。

7.3.2　现代学习理念导向下的数字化学习资源构建

现代学习理念的来源有两个：一是学习理论的发展，在历经行为主义、认知主义、建构主义等阶段后，学习被赋予了新的内涵和形式。在学习目标上，变知识传输为知识建构；在学习方式上，倡导自主、探究、合作学习和情境学习。二是时代的发展，学习型社会、学习型组织的创建成为时代发展的必然，终身学习成为 21 世纪的生存概念。由此看来，随着建构主义等学习理论和学习型社会的发展，现代学习理念随之产生并逐步被人们所认同，即：学习是个性化的、情境的、开放的、灵活的、互动的、终身的。① 学习是个性化的：尊重学习者的个性和差异，注重学习者个体的潜能与发展，强调个体需要与自主建构；② 学习是情境的：学习总是与一定的社会文化背景即"情境"相联系，在客体、人、符号以及它们之间的相互联系中发生，强调知识的灵活迁移和问题解决；③ 学习是开放的：学习不仅是以书本、教师、课堂为主的封闭形式，更是突破了教室空间和课堂时限，成为一种开放、多元、持久的与周围信息交互的过程；④ 学习是灵活的：学习发生在任何时间、任何地点，是无处不在的；⑤ 学习是互动的：学习是知识的社会协商，是生生互动，师生互动，师生与课堂以外的同伴、专家、实践工作者及更广泛的社区的互动过程；⑥ 学习是终身的：学习不再是学校教育等阶段性活动，而是伴随着人的一生。数字化学习资源的构建应当积极吸纳和体现这些新的学习理念，为信息时代的学习变革和发展服务。

数字化学习资源的构建应遵循和体现个性化的、情境的、开放的、灵活的、互动的、终身的现代学习理念，并使这一理念贯穿于数字化学习资源构建的全过程，具体体现在其构建技术、内容、主体和机制四个方面。

1. 构建技术

数字化学习资源的构建技术应遵循和体现现代学习理念要求，具备共享性、互动性、个性化、过程性、持续性等，从而更好地支持开放、互动、灵活、个性化和终身化的学习。

（1）共享性。共享性具体包括：① 数字化学习资源的开发应当符合相关技术标准，能够实现共享和聚合。这些标准有：国际上影响较大的 IMS CC（Common Cartridge）、SCORM 2.0 等，国内的现代远程教育技术标准体系结构——CELTS（包括 34 项规范）。② 现代学习理念认为学习是知识的社会协商，因而应继续加强资源共享技术的开发和实践，既要实现内容等物化资源的共享，更要实现人际交往等人力资源的共享。

（2）互动性。数字化学习资源构建技术在实现学习资源呈现功能的同时，还要实现学习内容与学习活动的融合，实现更大范围和更高质量的互动。为了解决这一问题，教学管理系统（IMS）全球学习联合会在 2008 年发布了新一代数字化学习内容封装规范（IMS Common Cartridge），为学习内容与学习活动的整合提供了更为便捷的方式，实现了学习活动和学习资源的动态结合、学习活动和学习工具的动态结合。整合好这些规范，是促进数字化学习资源构建技术发展的关键。

（3）个性化。数字化学习资源构建技术能为不同学习风格的学习者提供个性化、适应性的资源服务。面对海量的数字化学习资源，学习者如何能够快速找到适合自己个性特点的资源成为数字化学习的关键，除了学习者自身具备的必要信息素养外，从技术层面为学习者提供智能的资源推荐服务无疑是解决这一问题的重要途径。以学习者为本，通过数据挖掘等技术建立学习者模型，包括学习者学习行为、学习兴趣、学习风格、学习者的相似性等，通过搜索引擎技术、移动 Agent 技术、协同过滤技术或混合技术等个性化的推荐技术，为学习者推荐适合其个性特点的资源。

（4）过程性。数字化学习资源的构建技术应体现以学习者为本的理念，重视学习者学习过程中产生的有价值的资源信息，并加以有效利用，从而补充和完善原有固化、静态的学习资源。通常学习者在学习过程中都会产生相应的生成性信息，如学习者在学习过程中对某段学习内容附加的批注，或者在参与讨论区某一主题的讨论时产生的有创新意义的观点、思路等，若对这些生成性信息从技术层面进行聚合、分类，则非常有助于学习者的学习：一方面，学习者可以将其视作学习资源，作为学习对象；另一方面，可以将其作为一种学习反馈，帮助资源制作者、组织者改进工作。

（5）持续性。动态个性化的学习要求数字化学习资源构建技术具备持续性的更新和发展功能，能够实现学习资源的动态更新，支持自身内容和结构的完善及调整，从而不断适应外界变化的学习要求。数字化学习资源建设是实现教育信息化的一项基础性工程，从长远的观点看，资源建设应有可扩充性并能持续发展，为了使数字化学习资源建设适应这一目标的要求，采用《教育资源建设技术规范》（CELTS－41）应是比较恰当的选择。

2. 内容

构建多元化、多形态的学习内容，满足学习者开放、灵活、互动和个性化、终身化的学习需求。

（1）加强学习内容本身的设计，提供多元化的学习内容。

首先，既要构建满足学习者学历教育的数字化学习资源，更要构建服务学习者非学历教育的数字化学习资源。学习者获取数字化学习资源的首要目的是"知识更新的需要"，其次是"适应工作的需要"。由此看来，无论是国家战略规划还是个人发展，都需要我们在构建学历型数字化学习资源的同时，进一步加强非学历型数字化学习资源的构建，满足学习者学习、工作、问题解决等实际需求，这类资源以实用、便捷为主要特点，一般包括：职业技能类（帮助提高工作技能的学习资源）；生活保健类（生活百科、家庭理财、家庭教育、健康保健等与生活密切相关的学习资源）；精神文化类（艺术人文、历史哲学、科普知识、思想经验等知识文化类资源）；等等。

其次，应加强多元文化数字化学习资源的构建，促进多元文化教育与传播。文化的了解和尊重是民族之间和谐共生的重要条件，多元文化数字化学习资源的构建是促进各民族文化教育与传播的基本前提。

（2）注重学习内容表现形式的设计，构建多形态的资源。

数字化学习资源必须借助一定的媒体元素来表现，从而形成不同表现形态的资源。从资源的媒体表现来看，有文本、图形、图像、音频、视频、动画等。数字化学习资源采用何种形态来表现，取决于以下几个方面：其一，学习内容。资源的表现必须服从于学习内容的需要，一般来说，理论知识适宜用抽象形态的媒体呈现，如文本、声音、图表等；技能、技巧和事实等经验知识适宜用视频、动画等具象形态的媒体加以呈现。其二，使用目的。具体包括：事实呈现（需要史料、文献等资源）；情境创设（需要画面、场景、活动现场等资源）；示范练习（支持标准行为习得的视频、动画资源）；原理解释（需要表现典型事物的运动、发展过程等资源）；探究发现（需要典型现象或过程等资源）。其三，学习者的认知偏好。学习者因其个体特征的不同对资源类型的选择往往表现出不同的偏好。其四，学习方式。自主、探究、协作的新型学习方式需要我们构建与之适应的资源形态，具体包括如下 5 种典型的学习资源形态：个体任务型（按照学习活动来组织资源）；微型课件型（以文本、音频、视频为主，支持便携性、手持学习终端的资源形态）；过程体验型（支持操作技能和虚拟实验的案例、操作指南等）；小组合作型（支持小组活动的案例、活动指南与小组任务评价等资源形态）；邻近经验型（支持协同知识建构的资源索引、经验分享与评价等资源形态）。总之，构建多形态的数字化学习资源，有助于实现信息时代多元化的学习。

3. 主体

学习的个性化、情境化、开放性、灵活性、互动性、终身化等对数字化学习资源的生产与传播提出了新的要求，传统依靠国家或某机构等单一主体的构建模式无论在资源的生产时效还是在更新时效上都无法满足新的需求，需要政府、教育行政部门、高校、企业、学习者等跨组织、跨学科的多元主体的广泛参与和协同构建。

各级政府是数字化学习资源构建的责任主体，教育行政部门是实施主体，高校和各级电大、企业是建设主体，学习者是重要的参与者。

（1）政府是责任主体。数字化学习资源的构建是实现全民学习、形成学习型社会和构建终身教育体系的关键，具有公益属性，因而政府应是数字化学习资源构建的责任主体，其责任有两大方面：① 政策引导。信息化日益成为国民经济和社会发展的重要组成部分，包括数字化学习资源在内的教育信息化服务应被纳入政府基本公共服务的范畴，从政策、法规和机制等方面提供相应的支持。② 资金投入。进一步明确各级政府在经费投入中的主体作用，保障数字化学习资源的建设。

（2）教育行政部门是实施主体。其实施内容有：① 做好规划与实施：a. 因地制宜，从资源的构建目标、任务、队伍、保障等方面做好数字化学习资源的建设规划；b. 积极引导社会力量，开发急需资源，整合现有资源，同时注重扩大需求，培育市场，引导数字化学习资源的发展与创新，促进教育与技术的融合。② 做好评估。各级教育行政部门通过科学的评估工作，保障资源构建的质量和适切性，引导资源的持续发展。

（3）高校和各级电大、企业是建设主体，它们各有优势。构建数字化学习资源是信息时代高校发挥文化传播与社会引领的重要途径，高校近年来在精品课程建设方面积累了丰富的经验；各级电大作为中国的开放大学和"国家资源"，在数字化学习进程中有很大的发展空间，电大应统筹考虑办学与服务两大功能，成为服务于学习型社会建设的"主战场"；企业拥有雄厚的技术力量和资金，能够为社会创造出更多优质的数字化学习资源。但由于种种原因，它们各自为政，造成了资源的浪费与重复建设，为此需要创新机制，发挥各自的优势，实现资源的共建共享。

（4）学习者是重要参与者。随着网络技术的革新和移动学习、泛在学习的到来，学习者参与数字化学习资源的构建成为现实。一方面，Web 2.0等网络技术的发展，使得信息传播从单一走向双向互动，学习者既是资源的接受者和消费者，更是生产者和传播者，数字化学习资源构建开始从传统的依靠少数资源提供商、教师或学科专家等团队的建设模式走向基于Web 2.0 的开放建设模式，学习者成为数字化学习资源构建新的智慧来源；另一方面，移动学习、泛在学习、微型学习等学习方式的变革对数字化学习资源提出了新的要求，传统的学习资源的生产和传播方式都已经无法满足新的学习需求，学习者通过多种互动方式参与协同编辑、聚合生成性资源已成为新的资源生产方式。

4. 机制

现代学习理念要求我们应积极探索资源的共建共享机制，该机制包括基于项目的和基于市场的共建共享机制、知识产权机制等。

（1）基于项目的共建共享机制

该机制是在政府引导、教育行政部门的主导下，采用项目立项、招标的方式，吸引高校和各级电大、企业、学习者等积极参与、共建共享的一种数字化学习资源构建机制。

① 政府引导：a. 方向引导。引导现实需要的资源开发，满足学习者的学习需要；引领未来方向，促进技术支持的学习变革。b. 管理引导。既要成立专门的数字化学习资源建设机构，也要建立健全政策、法规等，对影响资源共建共享的主要因素进行调控，优化配置，建立和谐稳定的资源共建共享关系。c. 资金引导。发挥政府责任主体的作用，给予数字化学习资源构建以专项资金的支持。

② 教育行政部门主导。基于项目立项的共建共享，各级教育行政部门依据相关规划，从本地实际出发，对学习者进行调查研究，依据他们的实际需求和特征，确定数字化学习资源开发的类型、所需经费数量，形成立项指南；聘请资源建设专家，成立专家组，对参加立项和招标的高校、电大、企业进行审核、评定，划拨经费给项目开发者，实施资源开发；在开发的过程中和开发完成后，组织资源建设专家组进行中期检查和完成后的评审验收；最后将成熟的数字化学习资源分类入库，投入使用，实现资源共享，并在应用中继续完善。

（2）基于市场的共建共享机制

市场化机制有利于调动各方积极性、优化资源配置、减少重复建设和对国家投入的过度依赖，具体包括：a. 市场为主的共建机制。以企业等开发者投入为主，政府投资为辅，企业、教育行政部门、高校、电大等合作，采用先进的管理理念、深度服务的方式、风险共担的形式、商业化的运作模式，共同开发，利益共享。这是一种"自筹资金—开发资源—用户自选资源—有偿使用资源—返还资金并盈利—开发新资源"的良性循环，是实现优胜劣汰、保障资源优质性的有效机制。b. 政府扶持下的共享机制。例如，国外的"联机计算机图书馆中心"（OCLC）合作共享计划采用的是政府补贴、成员馆投资加服务收入的运作机制，从而推动更多的人检索世界上的信息，实现资源共享并减少使用信息的费用；国内的超星数字图书馆、CNKI 等是在国家的扶持下，通过市场化的运作机制吸引更多的资源拥有者共享资源的典型范例。

（3）建立健全知识产权机制

知识产权是资源共享的重要前提。为此，应建立健全数字化学习资源知识产权的法律和制度，保障各方权益；开发和使用先进的监测和控制技术，维护知识产权；加强教育、宣传，树立知识产权保护意识并积极践行。

总之，基于项目的共建共享机制有利于学习者获得免费的数字化学习资源，基于市场的共建共享机制有利于提高数字化学习资源的社会效益和经济效益，增强资源建设的活力与可持续发展能力，在现实中应依据实际情况合理使用，同时要加强数字化学习资源的知识产权保护，促进数字化学习资源的共建共享。

案例

让智慧在校园里闪光

周旺纯

随着信息时代的不断发展，网络已深入我们的学习、娱乐和生活之中，紧跟校园信息化建设的步伐，我们也逐渐走进了"互联网＋"时代。"无处不在的网络学习、融合创新的网络科研、透明高效的校务治理、丰富多彩的校园文化、方便周到的校园生活。"这样的描绘让人心生憧憬，这样一幅智慧校园的建设愿景，将为我们带来一种人与人、人与校园、人与物、物与物和谐共处、节能高效的充满"泛载"网络和管理智慧的"新常态"。盐城市第一小学始终紧跟时代的步伐，积极推进教育信息化，努力让学生能时刻享受到学习的收获和成长的快乐，努力让校园的每一个角落充满教育的智慧和欢乐的笑声。2010 年以来，学校网站连续三次获得江苏省中小学网站评比一等奖，并荣获"全国中小学优秀网站"称号。学校多次接待省内外数字化学习考察组，多名教师在省数字化学习研讨会上进行经验交流。

一、"智慧的环境"——统一规划，绘制"智慧校园"总体蓝图

智慧校园的建设需要具备完备的互联网环境，有全覆盖的无线网，并实现校园无线资源的统一管理，动态管理所有 AP 的功率、信道等参数，实现 AP 间的负载均衡，保证无线覆盖质量。在此基础上，要实现校园空调、照明、热水、音视频展台、白板、投影机、视频显示、音视频控制器、门禁等与校园网的融合。

2012 年，学校对校园网络前端进行了改造升级，不断提高带宽质量，完善规划设计，重点解决核心交换、网络安全等工作。首先，学校升级部署了一台高性能核心交换机，加装了防火墙板卡作为整网的出口，保证了全校出口的安全性和出口的带宽保证。无线网则主要通过加装无线控制器板卡配合支持 11N 的无线 AP 方式。其次，学校还对部分校区进行了无线网络改造，师生可以在这些区域无拘束地连接到网络，依托无线完成各项教学事务。新的无线网络在网络互联、认证管理、安全防御等方面与有线网络进行良好的兼容和互补。2014 年，学校又对实小校区东校园和聚亨路校区网络环境进行了建设，包括无线网络、多媒体会议、大屏幕及多媒体查询、校园背景音乐与紧急广播、高清晰网络监控等八大系统。同年，盐城一小还在幼儿园建设了人脸自动识别和电子化门禁系统。

2013 年暑期，学校还在实小校区新建了一个自动录播教室，该录播教室配备了两台高清摄像机和三个高清摄像头，实现了全程无干预高清摄像并进行网络直播。课程结束后，任课教师可以观看该课的完整视频。该系统现已成为学校教师试教或上微型课的好助手。2014 年初，实小东校区和聚亨路校区各配备了一间基于"可一"平板的数字化学习室，使学校的数字化学习研究工作迈上一个新的台阶。

二、"智慧的服务"——打造云平台，让教育进入"云时代"

硬件是基础，软件要跟上。智慧校园的建设还依赖于高效的数据及软件服务。盐城市第一小学数据服务系统由校园数据库、统一的区域教育基础数据库和外部的多元教育"云数据"组成，包括教师、学生、教学资源、预算财务、固定资产、教学装备、安全管理等数据内容，是支撑所有应用系统的核心。学校现有两台 MSSQL 服务器、一台 MySQL 服务器，如果没有建立这样一个数据层来支撑，任何系统应用都是不完整、孤立和残缺的。其次，盐城一小建起了完善的应用服务系统，如"协同办公系统"实现了掌上办公，较好地解决了学校集团化办学纸质文稿传输慢、代价大的问题；又如"实小招生及学籍管理系统"，一千多名新生家长通过计算机完成了报名登记工作，报名当天学生只需携带自动生成的 Word 文档打印稿通过验证就可以入学。此外，学校还建起了资源管理、财务与装备管理、家校互联、数字图书馆等系统，这些应用系统在统一的基础数据库支撑下，延伸到各自的系统应用平台，通过数据流完成相互关联的数据调用。在资源有限的情况下，为达成以上目标，盐城一小采用了如下网络服务策略：

1. 构建灵活的虚拟服务器组

为了使数字化应用系统更加安全、高效，学校采用了网络隔离组网的方法，即一个应用对应一台服务器。这样，即使一个应用出了故障，也不会影响其他系统。为了克服服务器数量不足的困难，学校大量使用虚拟服务器技术，一台物理服务器最多虚拟出 8 台服务器，使用最小的投入满足了最高的需求。

2. 组建由反向代理服务器引领的多服务器系统

有限公网 IP 无法承受太多应用，针对这种情况，学校专门搭建了一台反向代理服务器，只需一个 IP 就可以发布学校内网中的数十个应用，无须关注该应用利用什么平台建设。此外，学校还有自己的 DNS 服务器，访问校内网站时直接切换至校内服务器，访问校外网站时则切换至公用 DNS 系统。

3. 基于开源的自由软件系统

为了解决校园网络系统软件版权问题，学校尽可能多地采用开源软件。操作系统大多使用 CentOS，数据库采用 MySQL，学校网站和论坛也参考开源代码，这样既能解决侵权问题，又能很好地体现学校网站建设的特色，满足师生数字化学习的需求。

三、"智慧的学习"——融合与创新，实现全方位服务

建设智慧校园最核心的任务是满足师生智慧化学习的需求。一个理想化的智慧化学习服务平台，应当以辅助决策与预测系统为基础，为管理者、教师、学生和社会提供一个智能化、个性化、多元化、开放的学习、生活与教育环境。在现阶段，可以充分地去想象这个"智慧化"环境：应当有智慧化的学习资源、智慧化的学习评价、智慧化的学习任务管理等。为此，盐城市第一小学从以下两个方面进行了卓有成效的研究：

1. 以项目试点为抓手，增强数字化教学实效

盐城一小立足于语文、数学、思品等重点研究学科，辐射全课程，在教材、教学、评价等领域进行数字化学习的研究。一是推行"新备课"。集团各校区同轨学科组建电子备课室，实施五步电子备课，即：计划—主备—交流—完善—反思。一人主备，全体交流，所有过程全部在网上实现，突破了时空束缚，凝聚了教研合力。下一轮的备课教师在此基础上再做取舍、补充和完善，有效发挥了资源的叠加效应。二是尝试"微视频"。将骨干教师对知识点的讲解制成微视频上传至资源库，其他教师根据需要将这些视频嵌入自己的网络课件中。这样既优化了课堂教学模式，又发挥了骨干教师的引领作用。三是做到"真实验"。立足"e 学习"实验班，研究项目重点突破，力求以点带面。目前，学校以"e 学习"评价为突破口，自主

开发出具有现场统计、实时反馈功能的软件系统，便于关注学生个性、调控教学流程，有效实现了师生、生生互动，在省级信息化教学能手竞赛活动中受到好评。

2. 以专题网站为平台，拓宽开放式学习渠道

盐城一小在校园网站建立了涵盖各个学科的 10 多个专题学习网站，为学生搭建起开放式的学习平台。一是"自选式"学习超市。例如，学生可以打开"四季青语文网"中的"电子美文"，自主确定阅读专题，自由选择阅读材料；学生可以借助学校与公益企业合作开发的 vHomework 英语互动学习平台自练、自评、自纠，实现听读训练的情境化与指导评价的及时化。二是"在线式"咨询辅导。例如，"智慧树小数网"选聘教师和家长志愿者担任值班版主，利用"在线辅导"及时为学生释疑解惑；校园足球专题网站"鹿鸣俱乐部"及时发布比赛实况，名师可以对战术进行有针对性的指导。三是"窗口式"展示平台。例如，学校利用"四季青语文网"连续11 年举办网络作文大赛，实现"作文即作品""文成即发表""写作即交流""电子作品集即成果"的作文教学理想化目标；"家庭实验室"专题网站目前已呈现实验稿件 9200 余篇、评论 2 万多条、文字信息量达 100 万字、图片 4 万余张，还与凤凰教育小学科学网站建立了网络互联，极大地激发起学生参与科学实验的热情。

智慧校园的建设是一项日新月异、不断推陈出新的工作，在助推课程改革的同时，也给我们带来了思考与挑战。例如，智慧校园的建设对学校硬件条件的要求很高，如何让其进入"寻常百姓家"；网络课件、学件的开发起点较高，如何破解资源开发难的瓶颈；数字化资源的过度使用易使学生的朗读、书写、计算的能力训练边缘化，学习过程中师生、生生间情感交流障碍化，如何把握信息技术与课程教学融合的度；等等。这些都是需要探究的问题。

教育信息化，课改新常态，盐城市第一小学将基于集团化办学实际，坚持教育信息化应用导向，积极启动"电子书包""智慧校园"建设，将部分优秀的地方课程、校本课程数字化，形成面向本地区学生的网络课程，真正使教育信息化成为促进该校实施新课改、确保教育教学质量可持续发展的重要支撑，走出一条具有该校鲜明特色的信息化建设内涵发展之路。

（《中小学电教》2015.12）

7.4 数字化学习方式

7.4.1 "一对一"的数字化学习方式

"一对一"数字化学习，是指利用网络技术将若干台多媒体计算机及相关设备互联成小型的教学网络环境，每位学生都有一台计算机可随时上网在线学习。"一对一"数字化学习与传统数字化学习相比，最大的特点在于"个性化"和"移动性"。北京师范大学余胜泉教授认为，"一对一"数字化学习使教和学发生了实质性变革，可大幅度提高课堂教学效率，拓展课堂的广度、深度和学生的参与度，在促进知识学习的同时，还可以有效渗透能力和素质的培养，真正落实新课程三维素质教育目标，实施知识和能力并重的、促进人全面发展的教学。

作为信息技术与教育模式的有效整合和培养学生 21 世纪技能的创新数字化学习模式，"一对一"数字化学习的根本和核心是学习方式的改变，即利用信息手段践行新课程改革的理念，充分挖掘学生的发展能力，培养学生的 21 世纪技能，培养在全球经济新形势下更具有竞争力的学生。"一对一"数字化学习是科技发展的产物，是教育改革的要求，它带来了教育理念的变革和教学方式的转变，引领着我国未来教育的发展方向。在全球教育信息化和教育改革的时代要求下，"一对一"数字化学习凭借自身的特点与优势，很可能成为 21 世纪替代我国传统教学模式的主流学习方式。

1. 对课堂的变革

"一对一"数字化学习的实现必须要有特定的数字化学习环境，这也决定了基于"一对一"数字化学习的课堂必然不同于以往传统课堂的模样。随着信息技术的发展，我们的课堂早已从最初"一支粉笔一张嘴，一块黑板一本书"的传统课堂过渡到多媒体教室的网络课堂，并且正在向"人手一机"的移动课堂进军，在这个过程中，课堂本身的内容和形式都发生了巨大的变化。例如，学习资源变得更加丰富，从单一的文本向智能化、数字化、网络化、多媒体化的资源转变；学习空间也在不断延伸，从局限的课堂向课堂、社会、网络的全空间学习环境过渡。

2. 对学习内容的变革

"一对一"环境下的学习内容最显著的特征即经过数字化处理，可以在网络设备上和网络环境下运行。在"一对一"环境下，学习者学习内容的内在结构发生了转变。教材不是唯一的教学内容，通过教师指导，学生自主学习与协作交流，可以从多种学习对象和学习资源中获取多方面知识。由教师作为单一知识来源的局面被打破，同时打破了书本是知识主要来源的限制，教师可以用各种丰富资源来充实封闭、孤立的课题教学，极大地扩充了学习的知识量，使学生不再局限于课本知识，而是随时随地根据个人需要获取个性化资源。同时，"一对一"环境下学习者学习内容的表现形式也发生了变化。教学内容由原来的文本、线性内容转变为包含文本、图像、声音、动画、视频的电子化结构形式。通过教学内容的合理化重组重构，结合信息技术本身的优势及课程内容的特点，可以结构化、动态化、形象化表示教学内容，同时也丰富了学习者的感官感受，激发了学习的热情，促进了知识的建构。

3. 对教学理念的变革

"一对一"数字化学习实现了对教学理念和教学模式的变革。"一对一"模式首先转变了教学观念，即从以教师为中心逐渐转变为以学生为中心，从强调知识的传授逐渐转变为能力的培养，从关注教师如何使用技术逐渐转变为师生共同使用技术。"一对一"更强调自主、合作、项目的学习，因此，要选择更有效的教学策略，如基于资源的自主学习、基于平台的合作学习、基于空间的项目学习等。新的教学理念也必然促进新的教学模式的产生。如面向未来的"翻转课堂"，即教育者赋予学生更多的自由，把知识传授的过程放在教室外，让大家选择最适合自己的方式接受新知识，而把知识内化的过程放在教室内，以便同学之间、同学与老师之间有更多的沟通和交流。

4. 对学习方式的变革

"一对一"数字化学习环境建立后，学习变得无处不在，只要有网络的地方就会发生学习，这也意味着该环境下学习方式变得更为灵活多变，学生会根据具体情境和需要进行自主探究的独立学习、协作探究的同伴学习、小组学习等。也就是说，在课堂学习中，利用"一对一"数字化学习环境开展学习，突破了传统课堂中教师讲学生听的"被动接受式"学习方式，并向自主探究和协作互动式的学习方式转变，即学习者利用数字化平台和资源，与教师、学伴之间开展讨论、协同合作学习，并通过对资源的自主利用，以探究、发现、创造及展示知识的方式进行教与学。在"一对一"环境中，学习不局限于常规课堂，每个学生手中都配有一个属于自己的计算机设备，学生可根据自己的兴趣特点随时随地进行学习，实现正式学习与非正式学习的结合。教师的角色也由原来的主导者转变为引导者、助学者。这种学习方式有效地提高了学生的学习兴趣和学习效率，拓展了学生的思维空间。

案例

我们为祖先而骄傲（上）

一、教材简析

《我们为祖先而骄傲（上）》是苏教中图版《品德与社会》五年级上册第四单元《我们都是炎黄子孙》的第二课。本单元以感受中华民族对世界文明的重大贡献，体验热爱国土的情感进而萌发民族自豪感和自信心为教育主题。本节课是第四课时"千年不衰的汉字"，认识汉字在维系中华民族团结中的重要价值，让学生体会和领悟我们祖先的高度智慧，为祖先感到自豪，培养爱国主义情感。

二、学情分析

学习汉字对于小学生来说尤其重要。现在，网络已成为教育的资源库和较有效的教学方式。本节课尝试利用 e 学习平台开展教学，"让学引思"，让学生成为课堂的主人，优化自主个性的品德课堂，开展动态开放的互动学习，提高课堂教学效果。

三、教学目标

1. 情感态度与价值观

感受汉字顽强的生命力、汉字艺术的独特魅力，感受祖先创造文字的高度智慧，深刻领会汉字是中华民族的根，激发学生为祖先而骄傲的自豪感。

2. 过程与方法

借助 e 学习平台，学生自主搜索、获取处理信息；培养在 e 学习平台上围绕话题分组讨论，进行课堂互动交流，小组探究合作解决问题；能熟练上传、共享、互评自己的作品和见解。

3. 知识与技能

了解汉字的演变规律、造字方法。通过资料交流、在平板上绘画、猜字谜等活动进行体验和交流，初步培养学生探索发现的能力，使学生的思维得到训练。

四、教学重点难点

（1）感受古老汉字顽强的生命力、汉字艺术的独特魅力，感受祖先的高度智慧，深刻领会汉字是中华民族的根，为祖先而骄傲的自豪感。

（2）借助 e 学习平台，进行有效的资料搜集，能在 e 学习平台上围绕话题分组讨论，进行课堂互动交流，小组探究合作解决问题。

五、教学环境与准备

借助 e 学习平台，采用触控一体机、平板电脑及网络平台等信息化设备。

教师：将学生名单导入"智慧课堂"班级管理中。制作多媒体课件，准备树枝、绳子、木板、锥子等材料。教会学生使用 e 学习平台和平板电脑。

学生：e 学习平台的操作与使用学习，课前搜集古人的记事方法、甲骨文的资料并上传 e 学习资源管理库。

六、教学过程

活动 1　追溯汉字的起源

1. 走进远古时代

（1）复习导入，揭示课题。

通过前面的学习，我们了解了祖先的发明和创造，其中，最令你感到骄傲的是什么？生自由回答。

（2）小结并板书这节课所要探讨的话题。板书：汉字。

（3）打开 e 学习资源管理库，学生共享交流课前了解的古人的记事方法。

① 学生汇报自己搜索到了哪些记事方法，首先理解"结绳记事"。

② 指定 2~3 名学生在一体机上打开自己搜集的文档资料，并做简单介绍。

其他同学的资料课后可以继续学习。

设计意图：课前让学生搜集的古人记事方法资料上传到资源管理库，老师有针对性地进行网络资源开发、分类选择，并巧妙地转化成多媒体学习资源，课堂上让学生自己上台打开做介绍，实现了资源的共享，给学生提供了一个高效的学习平台，培养了学生分析信息和综合利用信息的能力。

小结：同学们，我们的祖先真是太聪明了，居然在没有汉字的情况下，采用结绳、刻木、画图等方法来记录事情。

（4）分组体验"结绳""刻木""画图"这三种记事方法记录事情。

① 小组长领材料，绘画组在平板电脑上操作，老师点击"智慧课堂"，截屏发题给绘画组同学。

② 小组汇报。每个小组猜猜他们记录的是什么事?

绘画小组在平板电脑上绘画好点击"提交",一体机大屏同步显示。汇报时,让学生对所提交的作品进行现场星级点赞,教师选择一幅进行点赞鼓励。

设计意图:绘画记事,学生在平板电脑上绘画可以使用画图工具及时修改、涂色,并提交上传,所有同学清晰可见,提高了学习的针对性和有效性,学生学习的兴致也很高。"让学"就是要让学生亲身经历学习过程,通过操作、讨论以及完成真实情境中的任务等活动,学会自主学习、协作学习和探究学习。在绘画记事小组上传绘画的内容时,学生可以互评,老师可以星级评价,及时的评价提高了学生学习参与的积极性。

请同学们谈一谈用古老的方法记录事情的感受。

聪明的祖先发明了既简单又能把意思表达清楚的符号,这样汉字产生了。你们看,如果这件事情用现代的汉字写出来多清楚啊! 课件出示。

活动2 探究汉字的演变过程

(1) 以"虎"字为例来探究汉字的演变过程。

(2) 出示"虎"字的演变图表,老师简述文字的发展历史。学生仔细观察汉字的发展规律。

(3) 引导学生回答。总结:由繁到简,由图画到笔画。

(4) 板书:源远流长。汉字的发展有着几千年的历史,我们的汉字真是源远流长啊!

活动3 感受汉字的神奇

1. 了解汉字的造字方法

(1) 打开e学习平台资源管理库分发文件,让学生现场阅读了解甲骨文的资料。

(2) 学生在平板电脑上接收文件并认真阅读,然后汇报交流甲骨文资料。

设计意图:老师将学生搜集的甲骨文资料进行整合筛选,课堂上分发给学生,为学生节约了时间和空间,让学生自主阅读,提取信息,引发思考。

(3) 了解象形、会意、形声等造字方法。

① 出示甲骨文"鸟"字图片猜字,观看汉字动画视频,了解象形字。

② 出示甲骨文"休"字图片猜字,了解会意字。

③ 观察"晴"字图片，了解形声字的造字方法。

小结：我们的祖先用象形、会意、形声等方法一共造出了 9 万多个汉字供我们使用，都是祖先智慧的结晶啊！

2. 探究汉字的特征

（1）出示三个话题，学生自主选择，分组在智慧课堂"课堂讨论"中探究汉字的奇特之处。（三个话题：给"学"扩词；照样子写词语，例如牛奶、奶牛；说出表示"看"的字词）

（2）学生在平板电脑上自由讨论，输入想法，互动交流。各小组最后总结自己探究的结果。课件相机出示汉字的特点。

（3）板书：博大精深。

小结：同学们，我们 10 多亿人使用的汉字就是这么神奇！真是博大精深啊！

设计意图：e 学习平台的同步与统计功能可以直播展示交流情况，学生选择感兴趣的话题进行分组探究，课堂互动更加有效。老师和所有同学能够及时看到每位同学的见解，使课堂变得动态开放、自主个性。综合评价也变得有效，能轻松了解和评价学生完成学习任务的质量和进程、付出努力的程度，以及过程中的思考创意等。

活动 4 感悟汉字的魅力

（1）激发爱国情感。饱含深情地读："汉字不仅是一种传情达意的工具，还是联络和维系中华民族的根。（板书：根）

（2）激发自豪感。这样源远流长、博大精深的中国汉字，使许多的外国朋友也喜欢上了它，全世界有 100 多个国家开设了汉语课程，有近 500 所孔子学院，全世界掀起了学习汉语汉字的热潮，印度前总理还称赞说——（出示课件）

（3）欣赏与汉字相关的书法作品、艺术品等。（播放课件）

（4）展示校园、学生书法风采，告诉学生汉字艺术需要传承。

① 展示校园文化长廊、校园网站等处的书法作品。艺术家们将中国汉字的魅力表达得淋漓尽致，让我们叹为观止。咱们学校的同学们也很爱好书法，校园里（点击链接）、学校网站、班级空间里随处可见你们优秀的作品。

② 学生书法作品现场展示，让学生说说学习书法的心得体会。

设计意图：现在是"互联网＋"的时代。利用学生身边的校园网站、班级空间这些网络平台上的优秀作品和现场同学的书法作品，让学生感受汉字艺术魅力的同时，更明白它需要我们去传承。

（5）感受信息时代汉字的魅力，打开 Word 文档，学生对着手机用语音输入数行"我们为祖先而骄傲"，自主选择想看的字体，并一一改变字体。

转眼间，各种字体呈现在我们眼前，在信息高速发展的今天，有很多国家的古文字随着时代的发展而消亡，而汉字依然具有强大的生命力，真是历经千年而不衰！

板书：千年不衰。再读课题。

总结升华：同学们，我们的汉字源远流长、博大精深、千年不衰！更是我们中华民族的根！让我们从小学好汉字，用好汉字，让祖国的汉字在世界文明史上熠熠生辉！正像一首歌里唱的那样：最爱写的字是先生教的方块字，走遍天涯心不改永远爱中华……（音乐起）

设计意图：随着 4G 网络时代的发展，利用智能手机等功能设备可以有效提升师生互动，将生活中的信息化运用到课堂，此处通过网络连接，采用语音输入，既快速又有趣！让学生自主选择想看的字体，转眼间草书、篆书、隶书、甲骨文等各种字体展现在眼前，为我国汉字具有强大的生命力而感到自豪！

（盐城市第一小学　周健）

7.4.2　基于学习社区的数字化学习方式

现代信息技术的快速发展和广泛应用，深刻地影响着人们的学习、工作和生活方式，迫切需要社会成员转变传统的教育观念，充分利用现代信息技术改变传统的学习方式，探索数字化学习模式，满足日益增长的多样化、个性化的学习需求。在新技术革命的推动下，以云计算技术为支撑的网络学习、移动学习，可以把优质教育资源传播到每一个角落，为广大学习者构筑物理空间与虚拟空间相结合的个性化、智能化学习环境。基于移动互联技术创建的数字化学习平台，在推进数字化学习社区建设过程中可以为社会成员的自主学习注入极大的动力。数字化学习社区已成为构建全民学习、终身学习的学习型社会的一个重要手段或途径。

数字化学习社区，是指能够在社区化的数字化学习环境和平台上，利用相应的数字化资源，采用数字化的学习方式进行持续学习的社区。其内涵主要体现在三个方面：首先，数字化学习社区的主体和立足点是移动互联网支撑下的数字化社区，这是相对于实体社区而言的；其次，数字化学习社区的主要内容是学习，这是相对于当前各类文化社区、体育社区等类型而言的；再次，数字化学习社区的主要学习方式为数字化，在数字化学习社区中，学习者以掌握相应的数字化技术为基础，以数字化学习为手段，营造现代数字化学习氛围。数字化学习社区的建设是拓宽学校教育外延、创新社区教育载体、深化现代教育内涵、提升教育品质的重要路径，也是推进全民终身学习，建设学习型社会的内在要求。

案例

小学校园文学社区建设的理论与实践研究（节选）

江苏省教育科学"十一五"规划课题

一、本课题的缘起与理性思考

1. 新课程对语文教育提出的新要求

随着人类教育思考的深入，建构主义作为一种与信息社会相匹配的全新教育教学理论已深入人心。以建构主义理论为支撑的我国第八次课程改革已进入政府推进期，社会对教育的要求越来越高。新课程提倡自主、合作、探究的学习方式，提出"知识与技能""过程与方法""情感、态度与价值观"三个维度的课程目标。这对传统教学是一种革命性的挑战。

2. 小学语文课外活动中存在的问题

然而，不可回避的问题是，现阶段小学生语文学习，特别是写作的热情普遍不高，读写能力提高不快。其原因主要有两个方面：

（1）课堂教学方面。低年级学生在学龄前口头表达能力的成果没能直接转化为写作能力；中、高年级的写作教学形式单一，周期长，节奏慢，消耗高，成效低；阅读教学方面，阅读教学的盲目性造成学生读写能力培养的脱节。（读写的联系有长线和短线两种。长线的联系形成的效率低，但联系的稳固性强；短线联系形成的效率高，但联系的稳固性弱）

（2）课外活动方面。课外活动的"诸侯割据"，使学生的语文能力和兴趣得不到和谐、持续的发展。

如何在科学理论的指导下，搭乘信息技术的快车，整合校本课程，通过营建校园文学社区，切实提高语文课堂教学和课外兴趣活动的实效，提升校园的文化品位，是本课题解决的主要问题。

二、本课题的基本框架

1. 有关概念的界定

校园文学社区，指的是在校园内，由学生自主结合形成的以文学探讨为主要活动内容的群落，包括现实社区和虚拟社区（校园文学社区网站）两种形式。

小学校园文学社区，指的是在小学校园内，在教师的指导下，由学生自主结合形成的群落。活动内容以语文学习为主，文学启蒙为辅。

文学社区建设，指通过师生的共同努力，建成文学社区，并在理论探讨和实践操作的基础上，构建社区的活动的体系，健全社区活动的制度，形成社区活动成果，积淀社区的文化特质，在一定的时间内打造完成稳定、开放、充满活力的文学社区。

2. 建立相关的支持系统

本课题所体现的教育教学核心理念有两个：

（1）社会即学校，生活即教育。

写作应该植根于生活，建设校园文学社区，加强学校教育与社会教育的沟通，让学生走出课堂教学的象牙塔，使学生的写作学习活动的水池，连通"源头活水"。

（2）学生是学习的主人，教师是"平等中的首席"。

倡导自主、合作、探究的学习方式，培养学生自学能力、自主意识，能大大激发学生学习的兴趣。同时，重视教师在学生学习过程中对学生学习行为的帮助和引导，加强师生的平等交流，是缩短学习反馈周期、提高语文学习成效的必要前提。

实践方面，根据课程改革"软化学科边缘，整合学科活动"的精神，我们试图通过校园文学社区的活动，营造浓厚的校园文化氛围，发挥文学的陶冶功能，让学生自主参加语文综合实践，通过合作、探究，在培养学生学习语文的兴趣，提高学生语文素养的同时，发展学生的群心性，增强自治与领导能力，陶冶学生的道德情操。通过虚拟社区的活动，搭乘信息技术的快车，缩短反馈周期，加快学习节奏，降低精力消耗，提高学习成效。通过文学社区的建设，构建一个有规章保障、有品牌活动、有稳定的组织体系的"铁打的营盘"，以利于我校校园文化建设的可持续发展。理论方面，寻找小学文学社区建设和管理的规律，提出切实可行的活动策略。

三、本课题的实施

1. 实施原则

关于小学校园文学社区建设的研究，本课题有两个任务，一个是理论探讨，一个是实践操作。鉴于课题研究者的理论水平相对劣势和实践机会的相对优势。我们提出，有了初步想法后不必深究，先做起来再说。然后，边做边思考，不断调整。做完后及时进行总结，以利于下次优化。这就是行动优先原则。

2. 实施步骤

第一阶段：组建小学六年级文学社。了解学生自主建设的兴趣和能力，勾画学校文学社的蓝图；推出文学社网站；完成小学第二、第三学段学生自建文学社的可行性报告。

第二阶段：组建全校文学社。研究各学段文学社活动的内容和形式，特别是研究在第一学段成立文学分社的必要性和可行性；改造文学社网站；形成阶段成果报告。

第三阶段：进行学校文学社区建设的实践和理论探讨。完善现实社区；建成一个结构稳定、更新及时、知名度高的校园文学网站，完成结题报告。

3. 保障措施

政策保证。在班级实验的基础上提交实验报告，获得学校领导支持和帮助。在研究人员的精力、时间上给予照顾。

人员保证。加大学校社区文化建设的宣传力度，使校园文学社区的建设研究获得广大教师、学生、家长的支持和参与。

资金保证。研究活动所需的资金，采取"上级支持一部分、师生自筹一部分、社会捐助一部分"三结合的办法筹措。

组织保证。每学年进行一次文学社入社活动，吸收新社员，并进行文学社理事会的组建和顾问委员会成员的聘任。专人负责文学社工作的总协调和网站的维护。及时进行网站的更新，定期进行顾问老师培训和文学社社员培训。争取机会与名师对话，请求指导。

4. 成果展示

经过近三年的研究，本课题取得了如下成果：

（1）实践成果

构建了一个社团。我校的"丹顶鹤少年文学社"充分体现了新课程理念，有完整的组织体系，形成了一系列组织制度和活动规章，为学生提供了一个展示的舞台、交流的平台和竞技的擂台。该文学社被江苏省少年文学总社吸收为成员社。

打开了一个局面。在校园内营造出了浓厚的文学氛围，使语文教育、教学的面貌焕然一新；学生对文学的关注、喜爱程度显著提高。这提升了师生的文化品位，促进了课题组成员的专业成长。

打造了一条主线。建成了一个结构稳定、更新及时、知名度高的校园文学社网站。文学社网站成为我校运行最成功的特色网站，到目前为止，网站被点击达 56500 余人次，发表社员习作 5543 篇，得到学生和家长的普遍认可。

打磨了三个亮点。完成了三期文学社社刊的编印工作，产生了一批有一定质量的少年文学作品，推出了一批有质量的文学社区活动案例。

（2）理论成果

本课题研究形成了一套关于小学校园文学社区建设的理论。

① 小学校园文学社区组建的"影子结构"理论。

a. 社区"影子结构"。文学社分为现实社区和网络社区两个部分。

网络的即时性、交互性，为自主、合作、探究式学习提供了物质基础。校园文学社是一个跨班级、跨年级组织，同时学校的课堂教学也限制了文学社团的活动时间，只有通过互联网，才能打破时空的局限，保障文学社的日常活动。网站是文学社最重要的活动平台，是文学社最重要的标志之一。

由于现阶段的网络技术和网络环境的局限，小学生的自控能力和是非辨别能力相对较弱，单纯的网络活动中，由于教师对学生的干预力度不够，对学生负作用较大，因而易受到家长的抵制。为此，我们的小学校园文学社区必须做到虚实相生，即在加强网络建设的同时，花大力气进行现实社区的建设。低、中、高三个年段分别成立具有年段学习特点的文学社区。开辟活动基地，制作社旗、社歌、社印、社刊等硬件。网络社区各功能区与现实社区一一对应，形成社区建设"影子结构"。

b. 管理系统"影子结构"。建构主义认为，知识不是通过教师传授得到，而是学习者在一定的情境即社会文化背景下，借助其他人（包括教师和学习伙伴）的帮助，利用必要的学习资料，通过意义建构的方式而获得。学生是文学社区的主人，提高文学素养和语文水平是文学社活动的最终目的。同时，通过社区活动，也要提高学生自主、合作、探索式学习的能力和组织能力，培养学生的群心性。因此，对于小学文学社区的管理，教师要放手让学生进行自主管理。

美国行为主义心理学家奥苏泊尔的动机理论认为，人从幼年向少年过渡的发展期，心理认同是由"师长认同"向"群体认同"再向"自我认同"发展的。小学低年段，学生处于幼年末期，学生的行为动机还主要指向老师和家长的认同。也就是说，他们还比较"听话"。而到了中高年级，学生行为动机开始由指向师长认同，转变为指向同伴的认同。到了高年级，有一些学生已经有"自我实现内驱力"，即"自己努力给自己看"。因此，在小学不同年段建设文学社，教师一定要有不同程度的参与。"扶"与"放"的比例必须适应学生的心理发展。学校文学社成立理事会，由全校文学社干部组成；年级成立文学分社理事会，由年级文学社骨干组成；班级成立文学兴趣小组，由各班文学社成员组成。同时，各级文学社理事机构分别接受教导处、年级部的领导，确保文学社活动的正确方向；接受各年级语文老师的指导，确保活动的有效开展。

文学社学生理事会与老师顾问委员会一明一暗，形成文学社管理系统的"影子结构"。

② 小学校园文学社区活动组织的"双向介入"模式。

学校是一个少儿社团，是校园文化建设的活力因子。作为校园文化建设的一个部分，作为学校语文教育的一个部分，文学社不应该，也不可能是封闭的象牙塔。所以，小学校园文学社的建设必须采用双向介入策略，把文学社建设工作与学校的语文教育，与校园文化建设有机地结合起来，力争让有文学社参与的活动"特色更明显""品位更高档"。

文学社的跨班级跨年级组织方式与学校日常的年级、班级组织形式是一对矛盾体，根据小学生活动的特点，我们让学校的日常组织形式介入文学社的管理中，可以大大地增强文学社的管理效能。

③ 小学校园文学社区管理的"金字塔"竞争策略。

文学社活动的主要成果是学生的习作。为了引导社员提高成果的质量，文学社实行作品分级制，即学生作品可以自由向"丹顶鹤少年文学社"网站上投稿，经顾问审核后，在网上发表；网上发表的习作中，管理员将择优放入网站的"精品文库"中；每学年将精品文库中的习作再择优编入文学社的社刊《丹顶鹤少年文学》；社刊中优秀的作品被集中推荐到社会报刊和专业报刊。这就是"作品分级制"。

只要经常在文学社网上发表习作，主动参与文学社活动，全校每个学生都有机会成为文学社成员。一般社员的社员证佩蓝带。参与文学社活动质量较高的社员成为文学社骨干，将被邀请参加文学社的大型活动。骨干成员佩黄带。骨干成员中有一定组织能力的社员，将经过竞选成为文学社理事会的干部。文学社干部佩红带。这就是"社员晋级制"。

以上两种体制使社员和习作都按水平高低呈"金字塔"式分布，以便于社团内部形成有序的良性竞争氛围。这种竞争策略，就是"金字塔式"竞争策略。

四、本课题的反思与展望

当然，本课题研究到现在也有不如意的地方，还有不少问题有待解决。实践方面，文学社对全校语文兴趣活动的整合问题，网络社区建设与现实社区建设同步的问题，阅读社区和写作社区顾问力量加强的问题等；理论方面，如何提升文学社区建设的品位，如何寻求小学文学社区建设的新视野和新视角等。这些都有待今后在课题的进一步研究中加以解决。

（主要贡献者：蔡绪稳　周旺纯）

7.4.3　面向实践创新的数字化学习方式

面向实践创新的数字化学习方式是指使用信息工具进行创新性、实践性的问题解决方式。在数字化环境下，学生设计、创造并完成作品的过程本身也是一个学习的过程，每一个人既是学习者也是创造者。立足学生实践与创新能力的培养，结合课堂教学、实践教学与网络辅助教学，开展启发式教学和研究型教学实践，着力提高学生的学习能力、实践能力、创新能力，为学生进一步深入掌握专业化的数字化学习能力打下良好的基础。

案例

打造我的作文集

——小学"信息技术"Word 部分教学设计方案

周旺纯

在信息技术的教学中，一方面，我们要让学生在积极参与教学活动的过程中主动地得到发展，让学生学有动力，学有方法，学到真知，学有创见，感受成功；另一方面，《中小学信息技术课程指导纲要（试行)》指出，小学阶段信息技术的运用，要让学生"了解信息技术在日常生活中的应用""开展直接和独立的学习，发展个人的爱好和兴趣"。因此，我们应注意使信息技术与其他学科进行整合，使学生学有所得，学有所用。

一、教材分析及学情分析

Word 部分是《中小学信息技术课程指导纲要（试行)》课程教学内容安排小学部分的第四模块，也是苏科版《小学信息技术》下册的第一部分。该模块是在学生已初步掌握信息技术的基本知识、学会用画笔画图，以及认识多媒体的基础上的进一步学习。

Word 2000 是美国微软（Microsoft）公司推出的办公自动化软件 Office 2000 中的核心组件之一，是 Windows 平台上功能强大的文字处理软件。Word 2000 集文字录入、编辑、排版、存储、打印于一体，适合制作如书籍、信函、传真等各种文档。它还具有较强的图形和表格处理能力，制作出来的文档图文并茂，因而应用十分普遍。

现阶段小学生对语文学习特别是写作的热情普遍不高，读写能力提高不快。作文教学有要求、无兴趣；信息技术教学有兴趣、无要求。如何使两者结合，做到既有要求，又有兴趣，是我们信息技术教师应积极参与解决的问题。通过本单元 Word 部分的学习，整合信息技术与小学作文教学活动，不仅能使学生熟练掌握 Word 这种文字处理工具，而且能发挥文学的陶冶功能、审美功能，让学生通过合作、探究，在培养学生学习信息技术的兴趣，以及提高学生信息素养和读写能力的同时，提高其读写能力和审美水平，增强其自治能力，陶冶其道德情操。

二、教材处理及教学策略

1. 激发兴趣，确定活动目标

兴趣是推动学生学习的一种最实际的内部驱动力，是学生学习积极性中最现实、最活跃的心理成分。学生一旦对学习产生了兴趣，就会在大脑中形成优势兴奋中心，促使各种感官包括大脑处于最活跃的状态，引起学习的高度注意，从而为参与学习提供最佳的心理准备。

在本单元学习的开始，我们组织了一次个人作品展，要求有文章在各种期刊上发表的学生将刊物带来向大家介绍。介绍者的自豪感溢于言表，其他的听众也跃跃欲试。这时，老师取出高一级学生打印的个人文集，指出这样的文集更能提高自己写作的信心，提高自己的写作水平，通过本单元的学习，我们每人都可以打造出属于自己的作文集。这种从实际出发，由情境入手的方法，不仅能使学生产生一种参与的需要，更能唤起学生对成功的渴望，而且避免使本模块的任务目标过于分散。

2. 联系实际，加强参与指导

良好的参与兴趣固然可以激发强烈求知欲，但兴趣只是学习的动力，要使这种动力持久，关键还是让学生掌握有效的参与方法。即让学生在知识的形成过程中掌握其规律、方法，逐步培养学生举一反三的能力，引导学生由"学会"向"会学"转变。

如在学习 Word 2000 窗口的功能、结构及其主要操作时，学生往往会感到知识点很零乱，不容易掌握。这时，我们可以安排学生动手操作，并启发学生总结出经验：

① 先选中（需处理的字、句或段）；

② 工具栏（寻找相应功能的按钮）；

③ 不行再把菜单翻（找出相应的命令）。

在学习方法上，我们要求学生：

① 上机试一试（自己上机尝试）；

② 同学问一问（不会的向同学询问）；

③ 帖子发一发（也可以到学校论坛上讨论一下）；

④ 老师提一提（实在不行向老师请教）。

这样做，学生不仅能通过实践总结出规律和经验，更能够了解合作交流的学习方法，使信息技术由课内延伸到课外，更使信息技术本身成为学习信息技术的工具，从而使学生真正成为学习的主人，在学习活动中不断丰富、提高、发展自己的认知结构，也能不断提高、发展自己的学习能力。

3. 开发潜力，提高创新能力

在信息技术的学习中，从来没有唯一的方法。好比画一个半圆，一堂课中可以涌现出近十种方法，Word 部分的学习同样如此，正所谓"殊途同归"。我们始终认为，Word 是一个优秀的文字处理工具，但不是唯一的文字处理工具。我们不仅要学会使用 Word 这个工具，更要举一反三，熟悉写字板、WPS，甚至包括所见即所得的网页编辑器等一切"类 Word"工具。

在 Word 教学的最后，我们布置了一项任务，要求学生将一篇拼音读物打印成纸稿。使用 Word 的同学发现，他们的工作十分艰巨甚至变得不可能，而使用 WPS 的同学则十分轻松。这个任务告诉同学们：任何工具都不是万能的，Word 也是如此，要注意扬长避短，尤其是要关注在困境中顽强生存着的国产软件。

4. 交流合作，共同体验成功

竞争与合作，自主与交流，是我们学习过程中的主旋律。在本模块学习的不同阶段，我们进行了多次交流——"评评我们的作文集"，从文字到段落，从形式到内容，让大家来讲解、评述，甚至发问。如此，学生的作品越做越好，学生的思维越来越活跃，而且有一种被承认、肯定的满足感，甚至有"自家产品"的自豪感。这样创设竞争气氛，引导上进意识，每个学生都会积极参与学习，提高学习成绩。

三、方案设计

1. 序曲：我们的作品展

活动目标：举行学生已发表刊物展，了解文章版面设计的要素，激发学习 Word 的兴趣。

活动形式：展览、介绍、评说。

活动准备：收集学生的优秀作品及其所发表的刊物，准备好高一级学生制作的优秀个人文集。

活动流程：

① 由学生上台介绍自己发表的作文及所登载的刊物，并指出该刊物的体系与特点。

② 交流文章发表后的感受。

③ 以部分优秀的刊物为典型，细述版面设计上的几个要素。

④ 向同学们介绍几本个人文集，并提出今后的活动目标："打造我的作文集"。

2. 第一乐章：变铅的艺术

活动目标：掌握"智能 ABC 输入法"，利用记事本将自选的文章录入并存盘。

活动形式：集中学习与分散练习相结合。

活动流程：

① 回顾以前学过的英文打字的基本要领，注意学生的指法与姿势。

② 讲解"智能 ABC"使用的基本方法，尝试将草稿上的文字录入电脑。

③ 根据学生在录入中遇到的问题相机介绍删除、插入、查找、复制与粘贴的操作方法。

④ 利用各种时间将自选的部分作文整理并录入电脑。

简评：有需求才有学习的动力，从凌乱的稿纸上灵动出的整洁的电脑文字，使打字变得不再枯燥，加上记事本有限的功能保证学生不会在点击菜单的过程中迷失方向。

3. 第二乐章：从写字板到 Word

活动目标：从具有简单文字处理功能的写字板过渡到 Word 2000，熟悉 Word 2000 窗口的功能、结构及其主要操作。

活动形式：集中学习与分散练习相结合。

活动流程：

① 利用写字板读入以前录入的文字，比较写字板与记事本的不同，熟练掌握按钮的使用。

② 再用 Word 读入经写字板编辑过的文档，让学生比较 Word 与写字板的异同。

③ 利用 Word 直接录入并编辑剩余的作文，熟悉 Word 2000 窗口的功能、结构及其主要操作。

简评：如今的软件功能越来越强大，但大而全的功能也是一把双刃剑，一方面可以实现我们所能够想到的各种功能，另一方面又容易使用户在各种选项中迷失方向。记事本→写字板→Word，由简单到复杂，既使学生在学习的过程中有所侧重，也能使学生举一反三，了解文字处理类软件的共性。

4. 第三乐章：我是一个好编辑

活动目标：利用 Word 对自己的文字和段落进行编排和修饰，掌握文字的修饰、段落的调整，以及图片的插入。

活动形式：自主探究、网上讨论、集中交流。

活动流程：

① 向学生推荐几款美工较好的刊物，让他们将其与自己的作品比较，看看自己的作品已经具有了什么，还有什么不足，该如何修改。

② 学生自主探究并在校园论坛上提出自己的问题或解决方案。

③ 交流已经完成的作品，并互相介绍自己的编排或处理过程。

④ 教师展示利用 WPS 完成文档并介绍其特殊功能，学生尝试。

5. 第四乐章：打造我的作文集

活动目标：打印并装订出学生的个人文集，从而熟练掌握 Word 文档的设定、预览和打印。

活动形式：以小组为单位合作完成。

活动流程：

① 学生自主选择与教师推荐相结合分成若干个小组，每组分配打印机一台和打印纸若干。

② 合作完成文稿的打印任务，要求先设定，预览后再打印，注意节省纸张。

③ 交流在打印时遇到的问题及解决办法。

④ 课后利用各种途径完成作文集文稿的打印。

6. 尾声

活动目标："评评我们的作文集"，对本阶段的活动和知识点进行总结。

活动形式：集体交流。

活动流程：

① 展出全班同学的作文集。

② 从文章质量，版面设计等不同角度集体评出一、二等奖若干。

③ 获奖的同学介绍使用 Word 的心得。

④ 教师总结。

注意：活动应力求得到语文学科教师的大力支持。

（该文获 2004 年江苏省中小学信息技术论文比赛一等奖）

参考文献

［1］祝智庭，李锋. 面向学科思维的信息技术课程设计：以高中信息技术课程为例［J］. 电化教育研究，2015，36（01）：83－88.

［2］钟志贤. 面向终身学习：信息素养的内涵、演进与标准［J］. 中国远程教育，2013（08）：21－29，95.

［3］李艺，钟柏昌. 谈"核心素养"［J］. 教育研究，2015，36（09）：17－23，63.

［4］朱彩兰，李艺. 信息技术课程思想树的结构及思维品质讨论［J］. 电化教育研究，2014，35（05）：76－81.

［5］胡红杏，王子君. 核心素养理念下的课程目标嬗变研究［J］. 当代教育与文化，2018，10（03）：56－63.

［6］曾德良，张玉辉. 论现代信息意识［J］. 高校图书馆工作，2008，28（06）：30－32，37.

［7］尹碧菊，李彦，熊艳，等. 设计思维研究现状及发展趋势［J］. 计算机集成制造系统，2013，19（06）：1165－1176.

［8］林琳，沈书生. 设计思维的概念内涵与培养策略［J］. 现代远程教育研究，2016（06）：18－25.

［9］苟延杰，陈仲. 大学生结构化思维模式及其培育路径研究——以人力资源管理专业学生为例［J］. 吉首大学学报（社会科学版），2015，36（S1）：224－227.

［10］赵国庆，陆志坚. "概念图"与"思维导图"辨析［J］. 中国电化教育，2004（08）：42－45.

［11］杨昌周，范蔚. 试析思维导图的"伪放射"和"乱放射"［J］. 中国电化教育，2011（09）：110－112，116.

［12］李克东. 数字化学习（上）——信息技术与课程整合的核心［J］. 电

化教育研究，2001（08）：46－49.

[13] 李克东. 数字化学习（下）——信息技术与课程整合的核心［J］. 电化教育研究，2001（09）：18－22.

[14] 何克抗. E-Learning 的本质——信息技术与学科课程的整合［J］. 电化教育研究，2002（01）：3－6.

[15] 徐乐，宋灵青，邸妙词，等.“一对一”数字化学习研究现状与挑战［J］. 中国电化教育，2014（05）：58－63.

[16] 周旺纯. 基于计算思维培养的课堂活动设计——以《画正多边形》为例［J］. 中国信息技术教育，2019（06）：31－34.

[17] 周旺纯. 校园云桌面系统的建设与应用研究［J］. 中国信息技术教育，2018（21）：96－98.

[18] 周旺纯. 推进校园信息化进程 促进内涵式发展［J］. 中国教育信息化，2014（15）：67－69.

[19] 周旺纯. 字字皆文章——浅谈小学信息技术《输入文字》部分的有效教学［J］. 中小学电教，2013（09）：39－41.

[20] 周旺纯. 简易校园网络应用的实践与思考［J］. 教育信息化，2004（01）：19－20.